Rudolph Chimelli

Lesereise Paris

Rudolph Chimelli

Lesereise Paris

Lokaltermin bei Mona Lisa

Picus Verlag Wien

Umfassend überarbeitete Neuausgabe 2009

Grafische Gestaltung: Dorothea Löcker, Wien
Umschlagabbildung: © EyeUbiquitous/Hutchison
Druck und Verarbeitung: Remaprint, Wien
ISBN 978-3-85452-968-2

Informationen über das aktuelle Programm
des Picus Verlags und Veranstaltungen unter
www.picus.at

Inhalt

Die schönste Stadt der Welt

Vorwort

Nichts ist einfacher, als über Paris zu schreiben: Es ist, wie jeder weiß, die schönste Stadt der Welt. Immer tut sich etwas, die Themen liegen auf der Straße, es wimmelt von interessanten Leuten. Jeder möchte hier leben, und viele schaffen es sogar. Wenn immer jemand zwischen Kansas City und Przemyśl sich selber für intelligent, sensibel, kultiviert und fortschrittlich hält, dann träumt er wenigstens davon. Arriviert ist in Frankreich sowieso bloß, wer sich in Paris sehen lassen kann. Nirgendwo dürfte es pro Quadratkilometer mehr Restaurantsterne geben oder ein reicheres Kulturerbe. Nur wer sich gern langweilt, wird anderswo besser bedient. Unter Journalisten geht deshalb die Rede, mehr als Pariser Korrespondent könne der Mensch nicht werden. Sicher gibt es Hauptstädte, die wichtiger sind, und andere, in denen das Tempo schonender ist. Aber die Kombination von Lebensqualität für den Verfasser und automatischer Beachtung, welche die Datumszeile Paris findet, ist nicht leicht zu übertreffen. Und dennoch. Fast nichts ist schwerer, als über Paris zu schreiben. Denn viele, sehr viele haben es schon getan. Wer läuft gern in Konkurrenz zu Hemingway und Heine?

Dass Paris immer Paris bleibt, lässt sich das Publikum freudig in der Schlussnummer des Moulin

Rouge bestätigen, nach dem Cancan. Einen Katalog der immerwährenden Sehenswürdigkeiten, samt Öffnungszeiten, enthält jeder Reiseführer. Für einen Reporter wäre es dagegen die archetypische Hund-beißt-Mann-Geschichte, dass der Eiffelturm noch steht und die Metro noch fährt. Sein täglich Brot sind die Ereignisse, nicht die Zustände. Es ist die untilgbare Hypothek unseres Metiers, dass die Aktualität immer Vorrang genießt, obwohl die Zustände meistens folgenreicher sind. Und wenn der Schreiber sich schon einmal mit Zuständen beschäftigen darf, dann müssen es wieder deren Veränderungen sein. Im Westen nichts Neues, alles beim Alten am Montmartre – das will keine Zeitung drucken und kein Leser lesen. Die Krux besteht darin: Wenn man jemanden liebt, dann möchte man nicht, dass er – schon gar nicht – dass sie sich verändert. Große Männer, die das Bewusstsein Frankreichs so stark prägten wie der Historiker Michelet oder der General de Gaulle, haben Frankreich immer als Person gesehen, als weibliche Person, versteht sich. Noch weniger mag sich jemand die Personifizierung der Stadt Paris als Mann vorstellen. Wahrscheinlich liegt es daran, dass sich in Reportagen so oft ein nörgelnder, mäkelnder, querulantischer Ton einschleicht: Die Figur der Person Paris ist breit geworden, graue Strähnen von Pollution ziehen sich durch das heitere Pastell, nicht mehr sorglos fröhlich und frivol wie früher ist sie, sondern habgierig und berechnend. Und dergleichen. Natürlich kommen solche Unkenrufe auch aus den anderen Kapitalen der Erde. Aber Paris ist nicht irgendeine Stadt. Die große Kollegin Ursula von Kardorff hat schon vor dreißig Jahren einem gescheiten, nostalgischen Buch den Titel »Adieu, Paris« gegeben. Der Ton, den sie anschlug, stimmte bereits damals – und reicht heute noch nicht für die ganze Melodie. Weil Paris einmalig ist, stellen Liebhaber hohe Ansprüche. Sogar Wehklagen sind verschlüsselte Liebeserklärungen, mindestens Komplimente.

In einer anderen Epoche der Geschichte, die Sowjetunion wirkte noch beständig, berichtete ich aus Moskau. Wann immer ich aus den Ferien im Westen aufbrach, um an meinen Arbeitsplatz zurückzukehren, betrachteten Freunde mich mit einer Mischung von Schaudern und Bewunderung: der Mann, der in die Kälte ging, in Mangelwirtschaft, Bespitzelung und in ein Laufgitter, das ihn von der russischen Wirklichkeit abschirmte. So schlimm war es auch wieder nicht. Der real existierende Sozialismus hatte seine Kompensationen. Auf dem Markt gab es duftende, reife Erdbeeren, wie sie Paris schon lange nicht mehr kennt. Ein Kolchosbauer hatte sie am Morgen von seinem handtuchgroßen Privatbeet gepflückt. Mit einem Pariser Besucher ging ich ins Bolschoi-Theater. Während er seinen Platz aufsuchte, zog ich eine Schleife zum Theaterrestaurant. Ein sehr bescheidenes Trinkgeld genügte, und für die Pause war ein Tisch mit Kaviar und einer Flasche Schampanskoje reserviert. Der Kollege, der schon von meiner bevorstehenden Übersiedlung wusste, wurde beim Anblick aufgeregt. »Das«, prophezeite er, »das wird dir in Paris nicht gelingen.« Von einem Buch über Moskau, das ich später schrieb – die Sowjetunion stand immer noch – hatte ich am Ende selber den Eindruck, dass die guten Seiten dank der unvermeidlichen Aktualität wieder einmal zu kurz gekommen waren. Also bemerkte ich im Vorwort: »Man kann in Moskau glücklich sein und auf Hawaii unglücklich, oder umgekehrt.«

Wenn ich heute an meinen Arbeitsplatz Paris aufbreche, verabschieden mich Freunde – zum Glück noch immer weitgehend dieselben – mit wehmütig-wohlwollendem Neid, als zöge ich in den Vorhof eines Paradieses von Amüsement, Eleganz und raffiniertem Lebensgenuss. Auch in Paris kann man glücklich oder unglücklich sein, wie überall und irgendwo. Vielleicht gibt es zu anderen großen Städten einen feinen Unterschied. Wer Talent zu Glück und Erfolg hat, findet auch im veränderten Paris mit der Vielfalt seiner Lebensmöglichkeiten bessere Voraussetzungen zur Entfaltung.

Wenn die Seele in die Lifte springt

Der Turm, der wie sein eigenes Souvenir aussieht

Heute sind wir wieder dreiundzwanzigtausend. Manche von uns haben sich schon früh am Morgen angestellt, bevor geöffnet wird, um das Visum zu erhalten. Das Visum für den dritten Stock kostet dreizehn Euro, sieht aus wie eine Spielkarte und trägt – der Leser wird es schon erraten haben – ein buntes Bild des Eiffelturms. Den Inhaber berechtigt es nach einer ersten Auffahrt bis zu hundertfünfzehn Metern über Grund zunächst dazu, abermals Schlange für den Lift von der zweiten zur dritten Etage zu stehen. »Mehr als eine halbe Stunde Wartezeit auf der zweiten Plattform«, warnt diskret, und absichtlich vage, eine Tafel an den Schaltern zu Füßen des Turmes. Der Normaltourist hat diese erste Schwelle während der Hochsaison mit Glück nach einer Stunde erreicht. Da hält ihn, dreihundert Meter unter dem Gipfel, so leicht nichts mehr zurück.

Wer sich fühlen möchte wie Dr. Livingstone bei der Erforschung des inneren Afrika oder wie Charles Lindbergh auf seinem Atlantikflug muss hier nicht herkommen. Mehr als zweihundert Millionen waren vor ihm da, seit der Turm am 6. Mai 1889 zur Pariser Weltausstellung eröffnet wurde. Dennoch hat der Eiffelturm nichts von seiner Faszination verloren. Das höchste Bauwerk der Erde ist er längst nicht mehr; das Empire State Building in

New York hat ihm diesen Rang vor mehr als achtzig Jahren abgelaufen. Dass er ein technisches Meisterwerk ist, daran allein kann es auch nicht liegen; er ist so leicht konstruiert, dass sich ein verkleinertes Modell im Maßstab 1:100 nicht herstellen lässt. Sein Gewicht auf der Erde ist pro Quadratzentimeter Auflagefläche nicht größer als das eines besetzten Stuhls. Aber wie viele unter den Dreiundzwanzigtausend wollen das wissen?

Ästhetisch war der Turm von Anfang an umstritten. Guy de Maupassant und Charles Gounod protestierten zusammen mit anderen Künstlern gegen den Bau des »abscheulichen Skeletts«, des »Fabrikschlots«, der »Eisenmatte«. Schon im Eröffnungsjahr freilich ließ sich der lebensfrohe Schriftsteller zu Festessen in die Restaurants des Turmes einladen, »weil sie der einzige Platz in Paris sind, wo man ihn nicht sieht«, während der Komponist bis vier Uhr früh für Gustave Eiffel auf dem Klavier improvisierte. Mit den ägyptischen Pyramiden, den Niagarafällen und der Chinesischen Mauer hat der Eiffelturm gemeinsam, dass sie alle ziemlich genauso aussehen, wie man sie sich vorstellt. Überraschungen gibt es nicht. Das macht den Reiz des Gewohnten aus: Eiffel, der Zuverlässige.

Es ist Montag. Das Schloss von Versailles und das Musée d'Orsay haben Ruhetag. Aber der Eiffelturm ist geöffnet. Veranstalter richten ihr Paris-Programm darauf ein. »Den Eiffelturm wollen alle sehen«, sagt ein Reiseleiter, der seine Gruppe aus einem Bus mit Krefelder Nummer steigen lässt. Sehen kann man ihn, wie schon Maupassant bemerkte, beinahe von überall in Paris. Wenn der Autor am Morgen die

Fensterläden öffnet, ist Tag für Tag das Erste, worauf sein Blick fällt, der Turm: riesengroß, je nach Wetter braungrau, schwarz, silbrig im Dunst, manchmal mit der Spitze in den Wolken. Abends beim letzten Blick über die viel besungenen Dächer von Paris ist der Eiffelturm meistens noch beleuchtet. Zur Weltausstellung taten es zehntausend Gaslampen, später Scheinwerfer von außen. Zuletzt wurden sie durch Natriumstrahler ersetzt, die hübsch und energiesparend im Inneren des Gerippes leuchten. Der goldene Eiffelturm am Abendhimmel sieht seither aus wie sein eigenes Souvenir.

Es ist Dienstag. Der Louvre und das Centre Pompidou haben geschlossen. Am Eiffelturm ist Parteienverkehr. Von den achteinhalb Millionen Besuchern, die der Louvre jährlich registriert, wollen nach einer inoffiziellen Erhebung 42,7 Prozent die Mona Lisa nicht sehen, 55,3 Prozent gehen der Venus von Milo aus dem Weg und 63,1 Prozent legen keinen Wert auf die Nike von Samothrake. Auch sonst verläuft sich dort das Publikum. Das Centre Pompidou verkauft fünfeinhalb Millionen Eintrittskarten. Aber rund die Hälfte der Besucher des Kulturzentrums betreten weder Ausstellungen noch die Bildergalerie oder die Bibliothek. Sie fahren mit der Rolltreppe an der Fassade empor, um vom fünften Stock aus gratis zu genießen, wofür sie bei Eiffel mehr bezahlen und länger warten müssten – einen Blick auf Paris von oben. Dann gehen sie wieder.

Die 6,8 Millionen Besucher des Eiffelturms kommen nur seinetwegen. Viele von ihnen sind, ohne es zu wissen, Nostalgiker. Wenn im Nordwestpfeiler der doppelstöckige Lift abhebt, versinken im

Fundament langsam zwei gewaltige Kessel, die sich mit Seine-Wasser füllen. Denn dort wird der Aufzug noch wie in der Belle Époque hydraulisch gehoben. Schwungräder, Seilzüge, Gegengewichte vermitteln dem Eiffelturm-Fahrer auch in der Höhe keinerlei Flugzeuggefühl. »Das ist Zeppelin, das ist Raddampfer«, ruft begeistert ein älterer Herr aus den USA. Ein japanischer Bub sagt immer wieder ein paar Worte, welche die Wartenden wohlwollend und verständnislos anhören. »Er möchte mit dem gelben Lift fahren«, übersetzt höflich lächelnd sein Vater ins Englische. Alle Nationen sind da, als wollten sie hier den Turmbau von Babel rückgängig machen. Der rote Lift kommt zuerst.

Gustave Eiffels aus dem Rheinland zugewanderter Großvater besaß den Weitblick, seinen angestammten Familiennamen Boenickhausen abzulegen und sich nach der heimatlichen Eifel zu benennen, natürlich pfiffiger, pariserischer, mit zwei »f«. Der Boenickhausen-Turm – »la tour Boenickhausen« wäre kein Erfolg geworden. »La tour Äffèll« wurde zum Wahrzeichen. Beim Umgang mit Namen zeigte auch der Erbauer selber eine leichte Hand. Ursprünglich hatte er von dem Projekt für den Turm, das von seinen Ingenieuren Maurice Koechlin und Emile Nouguier stammte, nichts wissen wollen. Erst als Eiffel merkte, dass die Regierung und die Stadt Paris Interesse zeigten, kaufte er ihnen das Patent ab. Vertraglich sicherte er ihnen ein Prozent des Gewinns und die Erwähnung ihrer Namen zu. Er zahlte, aber der Koechlin-Nouguier-Eiffelturm steht in keinem Reiseführer.

In Eiffels Turmstübchen, das er sich im obersten

Stock eingerichtet hatte, können Touristen durch die Fenster spähen. Sein goldenes Denkmal am Fuß des Nordturms strahlt Zuversicht in den technischen Fortschritt aus. Dabei war der Unternehmer Eiffel, der auf drei Kontinenten Brücken und andere Eisenkonstruktionen gebaut hatte, nicht immer erfolgreich. In den Finanzskandal um das erste Projekt für den Panamakanal verwickelt, wurde er sogar zu einem Jahr Gefängnis verurteilt. Zwar hob nach jahrelangem Tauziehen das Kassationsgericht die Strafe auf, doch Eiffel verwand den Schlag nie. Umso mehr identifizierte er sich mit dem Turm. Monoman sammelte er Büsten, Karikaturen, Fotos, Artikel, die sich mit seiner Person beschäftigten. Seine fünf Kinder und seine Mitarbeiter erhielten als Neujahrsgeschenk regelmäßig ein Porträt Eiffels.

Es ist Sonntag. Die Modesalons in der Rue du Faubourg St.-Honoré haben zu, die Warenhäuser auch, die meisten guten Restaurants gleichfalls. Aber der Eiffelturm ist geöffnet. Die Treppen im Südwestpfeiler sehen aus wie Ameisenstraßen. Denn man kann es auch billiger haben und die unterste Plattform für vier Euro fünfzig zu Fuß erreichen. Zu Fuß ging auch Adolf Hitler: Bei seiner Stadtrundfahrt im Juni 1940 waren angeblich die Lifte defekt. Er soll nur bis zum zweiten Stock gekommen sein, dann ging ihm – symbolisch für den weiteren Kriegsverlauf – der Atem aus. Vier Jahre lang ließen die Deutschen keine Franzosen auf den Eiffelturm. Schon im Ersten Weltkrieg hatte der Feind die Antennen an der Spitze genutzt: Durch aufgefangene deutsche Funksprüche erfuhr der französische Generalstab 1914, dass die rückwärtigen Verbindungen der deutschen Truppen, die auf

Paris vorstürmten, dünn waren. Die Zeit war reif für die Gegenoffensive und das »Wunder an der Marne«. Wieder durch Funksprüche kamen die Franzosen auf die Spuren der Spionin Mata Hari, der mutmaßlich einzigen *femme fatale* in deutschen Diensten. Als die Amerikaner den Eiffelturm eineinhalb Jahre nach der Befreiung zurückgaben, kam ein Monteur und behob den »Liftdefekt«. Mit dem Schraubenzieher.

Für Funk und Fernsehen war der Turm gar nicht gebaut. Er war materiell zweckfrei, ein Monument des Surrealismus vor der Zeit. An Vollkommenheit übertraf ihn in dieser Hinsicht nur noch der Burdsch el-Kahira, der Kairo-Tower, auf der Nil-Insel Gesirah. Dieser entstand, nachdem eine CIA-Mission unter Führung des Präsidentensohns Kermit Roosevelt dem ägyptischen Staatschef Gamal Abd el-Nasser drei Millionen Dollar in bar »zur persönlichen Verfügung« überbracht hatte, um ihn vom Bündnis mit den Russen abzuhalten. Der verärgerte Nasser gab die Summe, damals viel Geld, für einen völlig sinnlosen Turm aus, der keine Büros, keine Feuerwache, keine Wetterstation, keine Sendermasten, sondern nur ein schlechtes Drehrestaurant enthält. In der Umgebung des Präsidenten hieß die hundertsiebenundachtzig Meter hohe Röhre »Wa'if Rusfil«, was man am besten mit »Roosevelts Erektion« übersetzt.

Den Franzosen stand der Sinn nach Höherem. Ihre Republik hatte gerade den Staub der Niederlage von 1871 aus den Kleidern geschüttelt und wollte zeigen, wo immer noch der Mittelpunkt der Welt war. Etwa zugleich und aus verwandten Motiven begann das katholische Frankreich auf dem Montmartre mit dem Bau der Basilika Sacré-Cœur. Seither stehen sich die architektonischen Symbole des Frankreichs der Marianne und der Jeanne d'Arc als Höhepunkte der Pariser Stadtsilhouette gegenüber, Ausdruck der zwei Seelen, die Franzosen wie alle anständigen Menschen in der Brust tragen. Es ist achtzehn Uhr. Notre-Dame schließt gerade, nicht so der Eiffelturm.

Im Jules-Verne-Restaurant in der zweiten Etage werden die Tische für das Abendessen gedeckt. Bretonischer Hummer, gekocht, Sauce Cardinal (vierundneunzig Euro) oder Kalbsrippe nach Art der Corrèze, des Heimatdepartements von Expräsident Jacques Chirac (vierundsiebzig Euro), stehen auf der Karte. Das »Jules Verne« ist eines der exklusiven Lokale der Stadt. Hier gibt es keine Liftschlangen, das Restaurant hat seinen eigenen Aufzug. Dafür muss lange im Voraus reserviert werden. Zwei elegante Golf-Araber, die gern rasch entschlossene Gäste gewesen wären, treten enttäuscht aus dem Vestibül wieder ins Freie.

Eigentlich hätte der Turm nach Ablauf der zwanzigjährigen Konzession abgerissen werden sollen. Aber eine Goldgrube schüttet niemand zu. Die Anleihe für den Bau war aus den Einnahmen des ersten Jahres zurückbezahlt worden. Sogar die Arbeiter, die schon am Bau mit fünfundneunzig Centimes Stundenlohn überdurchschnittlich gescheffelt hatten, bekamen nachträglich eine Zusatzprämie von hundert Franc. Heute verdient der Staat am weltlichen Himmelfahrtsgeschäft: Wenn das Geld im Kasten klingt, die Seele in die Lifte springt.

Mona Lisa: Einsame Schönheit hinter Panzerglas

Die große Attraktion ist sichtbar geworden

Das Matterhorn kann man jederzeit, außer bei schlechtem Wetter, besichtigen. Mit der Mona Lisa taten sich die meisten jahrzehntelang schwer. Denn man kam an das populärste Kunstwerk der Erde kaum heran. Es gibt Leute gesetzten Alters, die siebzehnmal in Paris und im Louvre waren und es dennoch nie geschafft haben. »Da ist sie«, rief einmal hoffnungsvoll eine Familie aus dem Rheinland, die glaubte, einen Blick der Gioconda aufgefangen zu haben, bevor ihr berühmtes Lächeln wieder in der Brandung versank. Einem muskulösen Skandinavier gelang es, sich ins sechzehnte Glied vorzuarbeiten, dann wurde auch er abgedrängt. Noch weniger Glück hatten zwei italienische Damen, die Menschenmengen nicht ausstehen können und den Kampf deshalb gar nicht aufnehmen wollten. Sie schlichen die jenseitige Wand des Saales entlang, rasch entschlossen, sich wie der Rest der Welt auch hinfort mit Reproduktionen zu bescheiden. Allgemeine Bewunderung war einem agilen Südamerikaner sicher, der schwor, er habe für Sekunden die Glasabdeckung des populärsten Kunstwerks der Erde gesehen. Erst dann habe ihm die geschlossene Phalanx einer japanischen Reisegruppe Blick und Weg verstellt.

Das ist vorbei. Die Mona Lisa hat eine wohlverdiente Solowand erhalten. Sie ist durch eine Schranke und Panzerglas vom Volk geschützt, aber jeder Verehrer kann sie sehen. Er findet sie auch leicht, denn schon von den Eingängen des Louvre weisen Schilder den kürzesten Weg. Eilige Touristen können alles andere links oder rechts hängen lassen. Natürlich bleibt es der Laune des Einzelnen überlassen, ob er beim Eiffelturm oder bei den Katakomben Schlange stehen will. Wer das reglementierte Warten nicht liebt, kann sich auch spontan um die Venus von Milo oder um die Place du Tertre schieben lassen. Auf ihr allerdings herrscht Einbahnverkehr. Wer das Geviert einmal betreten hat, kann weder umkehren noch aussteigen, bevor er den Ausgang erreicht. Auch darin ähnelt der Montmartre von heute einer Geisterbahn.

Letzte Meldung: Ein Londoner Sammler behauptet, er habe die echte Mona Lisa. Was in Paris hängt, sei nur minderwertige Nachahmung. Acht Millionen Besucher im Jahr können eben doch irren.

Der Untergang des alten Paris war nicht geplant

Spitzhacke und Bulldozer haben Platz geschaffen für neue Stadtviertel aus Beton und Glas

Die Bitte hörte sich einfach an, aber sie war nicht ganz leicht zu erfüllen. Freunde, die im Ausland leben, hatten sich ein paar Platten mit Musette-Walzern gewünscht, jener typisch pariserischen Musik, um die, seit es den Tonfilm gibt, kein Regisseur herumkam, der sein Publikum auf das Ambiente der französischen Hauptstadt einstimmen wollte. Musette gehörte dazu, so wie die Baskenmütze, das *képi des flic* und der Eiffelturm. Aber im ersten Musikgeschäft gab es keine Musette-Platte. Im zweiten auch nicht, erst im dritten, und dort keineswegs auf den vorderen Verkaufstischen.

Dass die Musette und die Tanzlokale, wo sie gepflegt wurde, abkamen, ist nicht allein eine Frage der Mode und des veränderten Geschmacks nachwachsender Generationen. Im Gegenteil, die zwei oder drei *bals musette*, die an Wochenenden noch stattfinden, sind eher dabei, Ziel nostalgischer Pilger zu werden, die nach verschütteten Edelsteinen schürfen. Musette ist nicht mehr gefragt, weil es nach den enormen sozialen und wirtschaftlichen Umwälzungen, die Paris in den letzten Jahrzehnten erstrebt oder erlitten hat, die Leute nicht mehr gibt, deren Seelenzustand solche Musik entspricht.

Das kleine Volk von Paris, die Handwerker, Arbeiter, Ladenbesitzer, Bistrowirte, Hausfrauen, Laufburschen, Marktschreier, Amüsiermädchen, Gauner, die innerhalb ihres Viertels fast in dörflicher Intimität lebten, stirbt aus. Ökonomische Zwänge haben sie in gesichtslose Vorstädte oder in produktivere Lebensformen getrieben. Es trägt ja auch niemand mehr eine Baskenmütze. Und es kann kein Zufall sein, dass das *képi* des Polizisten durch die Schirmmütze ersetzt wurde, oder dass der *flic* einen Sheriffstern trägt, aber keine Pelerine mehr.

Paris ist durch den Zweiten Weltkrieg in seiner Bausubstanz kaum berührt worden. Ein Wunder, sagt jeder, der am frühen Morgen, noch bevor der Autoverkehr einsetzt, über die Seinebrücken geht und auf die ebenmäßigen Fassaden dieser atemberaubend schönen Stadt unter ihrem seidengrauen Himmel blickt. Ein Albtraum sagten jene, die so viel sanierungsbedürftiges Gemäuer erbten. Denn von den meist schnell gewachsenen Metropolen unterscheidet Paris, dass es schon seit Langem eine große Stadt ist: »Der Ofen, in dem das Brot der Welt gebacken wird«, nannten es mittelalterliche Scholaren; die Rolle der Kapitale, die für einen immer größer werdenden Teil der Menschheit philosophierte, dichtete, politisch handelte und künstlerisches Neuland erschloss, kündigte sich an.

Als Ludwig XIV. seine Residenz nach Versailles verlegte, lebte in Paris eine halbe Million Menschen, die Million war um 1840 erreicht. Während der Präfekt Haussmann in den sechziger Jahren des vorletzten Jahrhunderts die breiten Schneisen der Boulevards durch das Gassengewirr schlagen ließ, wohnten auf einer Fläche, die kaum kleiner war als das heutige Paris, schon 1,8 Millionen Menschen.

Seit dem Ersten Weltkrieg entstand nur noch wenig Neues. Dennoch hielt Paris *intra muros*, das eigentliche Stadtgebiet der zwanzig *arrondissements*, das durch den jetzigen Autobahnring umschlossen wird, zwischen 1921 und 1954 mit 2,7 bis 2,9 Millionen Einwohnern den höchsten Bevölkerungsstand. Auf einem Quadratkilometer Stadtfläche leben auch gegenwärtig, da Paris nur noch zwei Millionen Einwohner hat, zehnmal so viele Menschen wie in Hamburg.

Die Notwendigkeit, Wertvolles zu erhalten, und der Zwang, zu erneuern sind in Paris besonders schwer vereinbar. Seit die Stadt in den fünfziger Jahren zum großen Sprung vorwärts ansetzte, ist bald die Hälfte von Paris der Spitzhacke und den Bulldozern zum Opfer gefallen: Quartiere mit Mauerschwamm und steilen Treppen, aber ohne Bäder oder wohnungseigene Toilette; ländlich kleine Häuser mit Hinterhöfen, winzigen Gärten, Ateliers und Werkstätten; Zinshäuser, die der jahrzehntelange Mietstop zum Verfall verurteilt hatte; billige Hotels für Dauermieter; enge Straßen mit geschlossenen Häuserfronten und wenig Durchgangsverkehr; schmalbrüstige Wohnungen mit Kaminheizung; Alleebäume für Hunde und blecherne Bedürfnisanstalten für Männer, die trotz ihres Geruchs *vespasiennes* genannt wurden, weil jener römische Kaiser bei der Einführung der ersten Toilettensteuer gesagt hatte, Geld stinke nicht.

Was abgerissen wurde, war das alte Paris, ein unkomfortables schäbiges Paris, ein menschlicher

Lebensraum für kleine Freuden, für anständiges Essen, für verliebte Individualisten und Exzentriker, für gelegentliche Ausbrüche von Gewalt, ein Paris, gut genug für Hemingway und René Clair, für Modigliani und Musette.

Sein Untergang war nicht geplant, er ergab sich einfach. Bodenspekulation muss nicht unbedingt vernichtende Folgen haben. Auch bei der Errichtung der Place Vendôme, einem der schönsten Ensembles der Stadt, spielte sie vor dreihundert Jahren schon ihre Rolle. Die *promoteurs* genannten Baulöwen der Gegenwart hatten nichts Derartiges im Sinne. Ihre Interessen deckten sich weitgehend mit denen der hohen Regierungsbürokratie. Paris müsse »neu gedacht« werden (»il faut repenser Paris«), sprach die technokratisch geschulte Elite im Staatsdienst.

Ein wenig bekannter Erlass der Stadtverwaltung vom März 1956 hob die Beschränkung der Bauhöhe auf einunddreißig Meter auf, die seit den Zeiten Ludwigs XVI. gegolten hatte. Die Höhe eines Bauwerks wird seither von einem Blickwinkel bestimmt, den ein Betrachter des Dachsimses vom jenseitigen Trottoir aus genießt. Je weiter ein Haus von der Straße zurückliegt, umso höher darf es sein. Was ein Bauherr an Volumen in der Tiefe verliert, gewinnt er mehrfach in der Höhe. Vorbei war es mit den noblen Fassaden, den geschlossenen Baulinien, den grauen Dächern aus Schiefer oder Blech, die das historische Gesicht der Stadt bestimmten. Bald soll es auch nahe der Stadtgrenze am Autobahnring wieder neue Hochhäuser geben.

Als man die Tour Montparnasse baute, die mit ihren zweihundertzehn Metern wie ein drohender

Finger in den Himmel des Luxembourg-Gartens, der Seine-Quais, der Esplanade vor dem Invalidendom und vieler anderer Pariser Perspektiven ragt, bot man den aus ihren Behausungen vertriebenen Malern und Bildhauern Ateliers im Hochhaus an. Es war gut gemeint, aber sie wollten nicht. Auch Braque und Utrillo hätten sich in Mietskasernen nicht wohl gefühlt.

Andere konnten sich das neue Paris aus Beton und Glas nicht leisten. In zwanzig Jahren verlor die Stadt zweihundertfünfzigtausend Arbeiter, Handwerker und Kleingewerbetreibende. Unter den im Berufsleben stehenden Parisern machen die Arbeiter nur noch ein Sechstel aus. Und ein Drittel von ihnen muss inzwischen zur Arbeit aus der Stadt in die Vororte fahren: Pendler in umgekehrter Richtung. Die Pariser Industrie, die zur Jahrhundertwende sechshundertvierzigtausend Arbeitsplätze und Anfang der siebziger Jahre noch vierhunderttausend bot, ist auf hundertfünfzigtausend Stellen geschrumpft. Nur noch ein Drittel von ihnen hat unmittelbar mit der Produktion zu tun. Jeden Monat schließen Gewerbebetriebe. Große Unternehmen wie Citroën, dessen ehemaliges Fabriksgelände am Quai de Javel zu einem Park umgestaltet wurde, wandern ab, aber auch mittelständische und kleine Firmen. Insgesamt gibt es in Paris nur noch einige Dutzend Herstellungsbetriebe mit mehr als hundert Beschäftigten.

Die Rue du Faubourg St.-Antoine hinter der Bastille hat noch einige Möbelgeschäfte – aber die Schreinerwerkstätten in den Hinterhöfen, schäbige Monumente der Manufakturen des 19. Jahrhunderts, sperren zu. Im Marais, wo seit Generationen Lederwaren, Posamenten, Schmuck und Kunsthandwerk hergestellt wurden, wurde es stiller, als den Bewohnern der eingestreuten Adelspaläste, die zu luxuriösen Wohnungen umgestaltet wurden, auf die Dauer lieb sein konnte. Neue Betriebsamkeit, etwas steril, kam durch Boutiquen, Galerien, Souvenirgeschäfte, die alle das Gleiche verkaufen. Die Metallbearbeitung und Mechanik, traditionelle Metiers des neunzehnten und zwanzigsten *arrondissements* im Osten von Paris, dünnt aus.

Seit einigen Jahren unternimmt die Stadt energische Schritte, um dieser Entwicklung entgegenzuwirken. Sie lässt *hôtels industriels* einrichten, in denen Gewerbetreibende Werkstätten mieten können. Aber während für eine Werkstatt in einem bröckeligen Sanierungsbau umgerechnet immer noch siebzig Euro Jahresmiete pro Quadratmeter bezahlt werden, sind die städtischen Lokale dreimal teurer. Jedes Jahr werden in Paris hundertfünfzigtausend Quadratmeter gewerbliche Fläche abgerissen, nur fünfzigtausend Quadratmeter entstehen neu.

Nichts wäre falscher, als aus solchen Zahlen den Schluss zu ziehen, die Wirtschaftskraft der Stadt sei rückläufig. Zwischen Étoile und der Oper hat die Hälfte von Frankreichs Banken ihren Sitz. Hinter ihren Namen stehen zwei Drittel der Bilanzsummen und mehr als die Hälfte ihrer Beschäftigten. Jedes französische Unternehmen, das auf sich hält, will einen Sitz in der Hauptstadt. Die sechzigtausend Betten ihrer Hotels sind einen großen Teil des Jahres ausgebucht. Handel und Dienstleistung haben Dauerkonjunktur.

Immobilienpreise und Mieten stiegen lange. Dass Paris dadurch eine Stadt für Reiche oder ganz Arme geworden ist, lässt sich am Straßenbild ablesen, das sich rasch verändert. Fachgeschäfte, kleine Lebensmittelläden, Bäcker, Schneider, Käsehändler geben auf, spätestens wenn sich der Inhaber zurückzieht und keinen Nachfolger findet. Wo es *chic* ist, wie im sechsten oder siebenten *arrondissement*, eröffnen Boutiquen, Antiquitätenläden, Blumengeschäfte und Immobilienagenturen. Weniger ansehnliche Straßen werden von billigen Schuhgeschäften, von Pizza- und Hamburger-Stuben, von Läden, die Restposten und Sonderangebote verschleudern, von Schnellreinigungen und Telefonagenturen okkupiert. Nach Ladenschluss gibt es keinen Grund mehr, durch verödete Gassen zu gehen, in deren Obergeschossen sich vorwiegend Büros befinden. Das ist auch anderswo so, aber Liebhaber wie der Historiker Louis Chevalier finden, dass Paris keine beliebige Stadt, sondern ein nicht wiederholbarer Glücksfall war. In einem Buch mit dem Titel »Die Ermordung von Paris« schrieb der Professor schon vor bald dreißig Jahren, als die Schäden noch weniger offensichtlich waren, die *clochards* seien die Nachhut der wirklichen Liebhaber von Paris. Als Letzte wüssten sie die Stadt zu schätzen, als Platz, in dem man umhergehen, sitzen, liegen und schlafen könne. Ein weiteres Alarmsignal ist seither hinzugekommen.

Ein Bodennutzungsplan sieht vor, dass auf hundert Quadratmeter Grundfläche in Zukunft dreihundert Quadratmetern Wohnfläche oder Büros errichtet werden können, statt bisher zweihundertsiebzig.

Im Erdgeschoss soll die Ansiedlung kleiner Betriebe begünstigt werden. Grünflächen sollen besser geschützt sein. Hotels an der Peripherie wird auferlegt, für je fünf Zimmer statt für bisher acht einen Parkplatz vorzusehen. Es soll nicht mehr erlaubt sein, unter Grünanlagen Tiefgaragen zu bauen, die die Bäume ruinieren, wie auf der Place St.-Sulpice. Dort hatte man wie an anderen Stellen geschworen, die Entfernung der Bäume sei nur vorübergehend. Doch die Setzlinge, die man an ihre Stelle pflanzte, kümmern im Auspuffgas dahin.

Immer war Paris fasziniert von seinem Untergrund. Die Steinbrüche, die sich unter dem Montmartre und vom Panthéon bis zum Montparnasse hinziehen, dienten schon im 18. Jahrhundert den Schmugglern, die die Zollmauer um die Stadt unterliefen, als Wege und Lagerstätten. Junge Leute, die die Einstiege kennen und Lust am Gruseln haben, feiern dort wieder makabre Feste. Im 19. Jahrhundert erregte die Kanalisation die Fantasie von Schriftstellern wie Victor Hugo, aber auch von Kriminellen. Heute sind es vor allem die Tiefgaragen, in denen sich die Nachtseite der Stadt offenbart. Diebe und Dealer, Sexualtäter und Besessene bewegen sich, ohne es zu wissen, in einer seit alters her milieugerechten Schattenwelt.

Vor mehr als hundert Jahren prophezeite der Automobilpionier Louis Renault, durch die Einführung seiner Motorkutschen werde sich das leidige Problem der Verkehrsstauungen in Paris lösen lassen. Denn auf der Fläche eines vierspännigen Pferdewagens hätten sechs Benzinkutschen Platz. Da seine Erwartungen sich nicht erfüllten, forderte

Präsident Georges Pompidou in den sechziger Jahren, man müsse »die Stadt dem Auto anpassen«. Nach der Fertigstellung des *périphérique*, des Autoringes um Paris, wurde unter seiner Herrschaft die Expressstraße *rive droite* angelegt. Sie ruinierte die Seine-Quais, erlaubt es aber immerhin, das Stadtgebiet verhältnismäßig schnell und kreuzungsfrei in west-östlicher Richtung zu durchqueren. Die Pläne für eine Expressstraße *rive gauche* in der Gegenrichtung wurden nach Pompidous Tod von seinem Nachfolger Valéry Giscard d'Estaing aufgegeben. Auch ein Projekt für Radialstraßen, die von der Peripherie ins Zentrum führen und sich in einem gigantischen Verkehrskreisel unter den ehemaligen Hallen treffen sollten, wurde fallen gelassen. Sie hätten die Stadt in Segmente zerschnitten.

Gegenwärtig beträgt die durchschnittliche Reisegeschwindigkeit der Pariser Autofahrer siebzehn Kilometer in der Stunde. Alljährlich nimmt der Verkehr um drei Prozent zu, und der Sättigungspunkt ist fast erreicht. An den Rändern der Straßen, in den Garagen, Höfen, Parkplätzen ist legal Raum für siebenhundertzwanzigtausend Wagen. Von den Pariser Haushalten besitzen zweiundfünfzig Prozent kein Auto. Die Hauptstadt hat die niedrigste Mobilisierungsquote des Landes. Aber zwei Millionen Fahrzeuge aus der näheren und weiteren Umgebung wollen täglich in oder durch die Stadt. Zu Stoßzeiten zählt die Polizei siebenhunderttausend legal geparkte Autos, hunderttausend verboten geparkte und hundertzwanzigtausend in langsamer Bewegung.

Seit einigen Jahrzehnten gilt die alte Pariser Regel nicht mehr, dass Geschäfte nachts beliefert werden müssen. Kein Lieferant wird bestraft, wenn er eine Straße mit nur einer Fahrbahn blockiert. Jeder Polizist sieht tatenlos mit an, dass Autofahrer in Kreuzungen einfahren, auch wenn sie jenseits nicht weiter können. Hundertmal am Tag bricht der Verkehr zusammen, breiten Staus sich minutenschnell von Ampel zu Ampel aus, wird in ohnmächtiger Wut in den Straßenschluchten gehupt.

Eine Milliarde Stunden verwarten Autofahrer alljährlich in Staus. Niemand stellt den Motor ab, und die Menge des im Stadtgebiet verbrannten Treibstoffs ist dadurch binnen eines Jahrzehnts um fünfundzwanzig Prozent auf jährlich 1,1 Milliarden Kubikmeter gestiegen. An Durchgangsstraßen wird alle drei Jahre ein Fassadenputz nötig, trotzdem werden nicht einmal mögliche Verbesserungen durchgesetzt. Die Metro und die RER-Vorortsbahn geben sich Mühe. Aber sie bewältigen den Andrang in Stoßzeiten immer weniger. Die Zahl der Taxis wurde 1967 auf vierzehntausenddreihundert beschränkt und ist seither nur etwa um zweitausend erhöht worden. In den dreißiger Jahren gab es fast doppelt so viele Mietkutschen, aber die Stadtverwaltung nimmt die Drohungen der Taxilobby ernst, dass die Chauffeure bei zusätzlicher Lizenzvergabe mit massiven Verkehrsblockaden reagieren würden. Unter diesen Umständen sind drei Viertel der Vorstadtbewohner entschlossen, weiter das eigene Auto zu nehmen.

Die Stadtregion jenseits der Pariser Grenzpfähle ist riesengroß geworden. Sie umfasst individuell – und planlos – in die Landschaft gesetzte Einfamilienhäuschen, schlichte Vororte aus der Gründerzeit, schnell gebaute Betonslums aus den fünfziger und sechziger Jahren, alte Dorfkerne sowie die Satellitenstädte Marne-la-Vallée, Evry, Melun-Senart, Cergy-Pontoise und Saint-Quentin-en-Yvelines. Setzt man die Grenze bei ihnen an, so hat die Stadtregion sechzig bis achtzig Kilometer Durchmesser und zehn bis zwölf Millionen Einwohner.

Geht man von der Vorstellung aus, dass auch Fontainebleau im Süden und Chantilly im Norden zum Pariser Einzugsgebiet gehören, dann vergrößert sich der Durchmesser der Siedlungsregion auf hundertzwanzig Kilometer. Jeder fünfte Franzose wohnt in der Region. Sie ist Frankreichs wichtigstes Industriegebiet und hat durch ihr Entstehen auch die politische Geografie verändert. Die Hauptstadt selber wurde durch den Wegzug der Arbeiter konservativ und bürgerlich. Dafür entstand in den Vororten ein roter Ring, der bis in die jüngsten Jahre von den Kommunisten beherrscht wurde.

Wer Franzose ist, entscheidet die Geburt oder die Einbürgerung. Pariser zu sein ist eine Frage des Selbstwertgefühls und der Einschätzung durch die Umgebung. Ein Sechstel der Bewohner der Region sind Ausländer. Nicht bloß fünfhundertfünfzigtausend Gastarbeiter sind darunter. Von den zwölfhundert in Frankreich vertretenen deutschen Unternehmen sind mehr als die Hälfte in der Île-de-France ansässig, von siebenhundert amerikanischen Firmen über zweihundert.

Besonders hoch ist der Anteil ausländischer Beschäftigter mit dreißig Prozent in einem Gewerbe, das als besonders pariserisch gilt, der *haute couture*; während sie dazugehören, haben viele andere Ausländer, besonders wenn sie in kompakten nationalen Gruppen auftreten, wachsende Schwierigkeiten, akzeptiert zu werden. Paris, das die Zuwanderung von Bretonen und Auvergnanten, Deutschen, Italienern und Polen, Spaniern und Portugiesen verkraftete, ist spröde geworden.

Perlen für die Snobs

Über den Niedergang des Luxus als Lebensart

Wenn der Beherrscher Saudi-Arabiens eine Kopie der Spiegelgalerie von Versailles als Speisesaal für zweitausend Gäste bauen lässt, dazu breite Schlosskorridore, in denen Elektrofahrzeuge verkehren, einen palasteigenen Atombunker, ein Flugfeld und zehn Kinos, alles innerhalb der Mauern, dann hat er die Dimensionen Ludwigs XIV. übertroffen. Wenn Hollands Bierkönig Alfred Heineken einen Toulouse-Lautrec in seine Toilette hängt, dann zeigt er damit schlechteren Geschmack als jener Rothschild, der täglich zur Essensstunde einen Bediensteten mit einem Kahn auf dem Schlossteich rudern ließ, um den Ausblick auf die Landschaft anmutig zu beleben. Wenn ein Rockstar inkognito in einer Pariser Hotelsuite für viereinhalbtausend Euro pro Nacht absteigt, dann will er es sich leisten. Wenn der Herzogin von Medinaceli beim Blättern in einer Zeitschrift ein Schloss so gut gefällt, dass sie es haben möchte, dann kann es schon mal passieren, dass sie erst durch den Text zu den Fotos erfährt, dass es ihr bereits gehört – so wie hundert andere Besitztümer. Und wenn zu Zeiten, die für ihn besser waren, der Geschäftsmann Adnan Kaschoggi in der New Yorker Filiale von Bulgari sein dreihundertstes Paar Manschettenknöpfe kaufte, dann sicher nicht, um seine Hemdsärmel zu schließen.

Aber ist solcher Aufwand Luxus? Im ökonomischen Sinn gewiss. Denn nach einer geläufigen Definition ist Luxus nichts anderes als relativ großer Konsum von Wohlstand für nicht wesentliches Vergnügen. Die Übergänge zwischen notwendigem Komfort und Luxus waren indessen immer fließend. Noch dazu sind sie an Zeit und Milieu gebunden. Die Badewannen, ohne die man sich heute keinen Neubau-Slum mehr vorstellen kann, ließen sich in Paris vor hundertfünfzig Jahren an den Fingern einer Hand abzählen. Geld ist nicht Eleganz, hohe Preise machen keinen Stil, Publizität kann Exklusivität nicht ersetzen. Wenn Luxus mehr sein will als Protzerei, Hedonismus oder Selbstbestätigung durch das Sammeln von Prestigeobjekten, dann muss er Fantasie entwickeln, spielerisch sein, zweckfrei. Er braucht Muße, gedeiht nicht ohne Ästhetik und verbietet seinen Trägern jeden Gedanken daran, sie könnten durch das Zurschaustellen ihres Reichtums neues Geld verdienen.

Den Moralisten aller Zeiten war Luxus suspekt. Die Stoiker verurteilten ihn, weil er ihrer Vorstellung vom einfachen Leben widersprach. Die Kirchenväter priesen Askese und Armut. Der Protestantismus sah in den Versuchungen des Luxus eine Gefahr für das Heil der unsterblichen Seele. Marxisten verdammten ihn als Ausdruck von Klassenprivilegien und Ausbeutung. »Seine sozialen Grundlagen werden im Sozialismus mit der Abschaffung des Privateigentums an den Produktionsmitteln und der schrittweisen Aufhebung sozialer Unterschiede beseitigt«, war in Meyers Neuem Lexikon, DDR-Ausgabe, zu lesen. Seltsamerweise blühte der Luxus, solange die Wertvorstellungen der europäischen Menschheit religiös oder sozialistisch geprägt waren. Und er fing an zu welken, als sich die Menschheit vom Glauben an das Paradies – im Jenseits oder auf Erden – abwandte.

Könnten sie zurückkehren, sie würden Paris nicht wiedererkennen, das sie als Kultstätte des Luxus verließen: der alte Aga Khan, der sein Schwergewicht alljährlich von seinem ismaelitischen Glaubensvolk in Gold und Edelsteinen aufwiegen ließ (um den Ertrag alsbald wieder zu verschenken); Ludwig Bemelmans, der die kostspielige Welt der Grand Hotels, der Ozeandampfer der Reichen, Talmi-Reichen und ihrer Lakaien unnachahmlich und unnachsichtig beschrieben hat; die Gräfin Greffulhe, die sich Marcel Proust als Vorbild seiner Herzogin de Guermantes nahm, obwohl er sie viel weniger kannte, als er glauben ließ. Schön, klug und reich, regierte die Gräfin fast ein halbes Jahrhundert lang das mondäne Paris. Wen sie in ihrem Haus an der Rue d'Astorg empfing (wo sie, umgeben von den Palais und Gärten verwandter Aristokraten lebte), dem waren in der Stadt alle Wege geebnet: Debussy, Strawinsky, Schaljapin, Richard Strauss, Rodin, August Piccard lancierte sie, bevor er in die Stratosphäre aufstieg und in Tiefen tauchte. Viel später sagte die Gräfin: »Ich habe Marcel Proust sehr wenig gekannt. Er ist mir auf seinen Wunsch von Freunden vorgestellt worden.« Die Erlaubnis, den Dichter zu einem Empfang mitzubringen, wurde unter der Bedingung erteilt, dass er nur einen Teil des Abends bleiben würde – »damit wir unsere Gespräche unter uns beenden können«.

Gelebter Luxus und Esprit sind keine Nachbarn mehr. Die künstlerische Kreativität wird nur noch gerufen, wenn sie der Werbung nützt. Aus Kunsthandwerkern, die die Wünsche und Marotten einer winzigen Minderheit erfüllten (und damit gut verdienten), sind Industrielle und Marketingfachleute geworden. Die Minderheit, in deren Dasein sich die Träume und Geschmacksverirrungen auch der Massen verwirklichten, ist zu einer Kohorte von Snobs angewachsen, die das Symbol des Luxus für den Luxus selber nimmt. An keinem Vorgang ließ sich diese Entwicklung so exemplarisch ablesen wie an der Schaffung der Marke »les must« durch Cartier. Der Nobeljuwelier kreierte seine Billigserie. Ihr englisch-französischer Markenname suggerierte den Chic von Paris und den Appeal des Jetset. Auf der ganzen Welt wurde es so verstanden, dass das Produkt erwerben muss, wer dazugehören will. »Wir können nicht mehr hinter unseren Ladentischen bleiben und auf die Könige warten«, sprach Cartier-Präsident Alain-Dominique Perrin, »also haben wir den Tempel verlassen.«

Seit 1854 zimmerten Louis Vuitton und seine Erben in Paris Koffer. Fünf Generationen stellten jene berühmten schrankartigen Gepäckstücke her, in denen Hoheiten und Millionäre ihre Roben und Fräcke, Hüte und Schuhe, Korsetts und Jagdgewehre so verpacken konnten, dass diese – in Schubladen links, auf Hängebügeln rechts – die andere Seite der Erde in einem für standesgemäßes Auftreten geeigneten Zustand erreichten. Noch vor knapp einem Vierteljahrhundert hatte Vuitton nur zwei Läden und machte damals mit seiner teuren Handarbeit umgerechnet rund zehn Millionen Euro Umsatz. Heute gibt es mehr als hundert Vuitton-Geschäfte, und ihr Umsatz ist auf mehrere Milliarden Euro gestiegen. Außerdem hat Vuitton mit dem Champagner- und Cognac-Riesen Moët Hennessy fusioniert, der unter seinen Titelmarken die berühmten Namen Dom Pérignon, Mercier Ruinart und andere sowie die Parfums Christian Dior kontrolliert. Vuitton selber gehörten schon vorher die Champagner Veuve Cliquot Ponsardin, Canard-Duchêne und Henriot, auch die Parfums Givenchy. An den Parfums Guerlain ist Vuitton beteiligt. Die Cognac-Marke Hine, die dem britischen Getränke-Nabob Guinness gehörte, hat der Koffermacher nach Frankreich zurückgekauft. Ein Multi des gehobenen Lebensstils, geleitet von einem früheren Stahlmanager, ist entstanden. Doch heute ist das einst legendäre Monogramm LV auf Einkaufstaschen in der Metro zu sehen. Die Demokratisierung des Luxus ist moderne Alchimie, für die Hersteller erfolgreich, für die Abnehmer gerade deshalb unbefriedigend. Hätten Cagliostro und Boettger wirklich Gold aus Sand gemacht, es wäre nicht mehr viel wert gewesen.

Durch schiere Unerschwinglichkeit halten sich als Bastion des Luxus die Juweliere von der Place Vendôme. An der Spitze der Hierarchie steht Van Cleef & Arpels, der für sein Kunststück berühmt ist, in Diademen, Broschen oder Armbändern bis zu achthundert Steine zu verarbeiten, ohne dass an der Oberfläche Edelmetall sichtbar bleibt. Es folgen die großen Vier: Mauboussin, Mellerio, Boucheron – und noch vor einigen Jahren hätte man geschrieben: Chaumet. Doch das ehrwürdige Haus hat so schmählich Pleite gemacht, dass seine beiden Inhaber ins Gefängnis kamen. Auch in dieser Zitadelle bröckelt es. Mappin & Webb, Cartier, Bulgari, Alexandre Reza, Fred und die anderen bilden das dritte, immer noch sehr respektable Glied. In der Branche gilt die Regel, dass niemand so gut über seinen Umsatz schweigen kann wie ein Juwelier. Man weiß, dass Vacheron Constantin im Jahr mehr als hundert Uhren zum Stückpreis von einer Million verkauft. Man kennt die Dollarmilliarden, die Cartier umsetzt. Aber man weiß auch, dass die Exporte der Spitzenjuweliere seit Mitte der achtziger Jahre schrumpften. Die französische Kundschaft, von der allein die Place Vendôme nie leben konnte, ist noch immer durch Gesetze verschreckt, welche linke Regierungen einführten und bürgerliche Regierungen ohne Gewissensbisse beibehielten. Größere Käufe müssen – theoretisch – per Scheck bezahlt werden – und in Frankreich gibt es kein Bankgeheimnis; nicht jeder kleine Anhänger, aber alles Wertvolle an Schmuck muss in die Steuererklärung.

Die Tage sind nicht mehr, da Paulette Goddard Verkäufer von Van Cleef in einer Laune zum Friseur bestellte, um sich, Haarwickler auf dem Kopf, eine neue Brosche zeigen zu lassen. Indiens Maharadschas sind abgesetzt. Die Emire vom Golf, deren Frauen noch gegen Ende des letzten Jahrhunderts an der Place Vendôme Juwelen aussuchten, so wie andere Eier kaufen, leiden unter dem Sturz der Erdölpreise und dem Dollarverfall. Ohnehin hatten die Juweliere nie ihre volle Freude an einer Kundschaft, der es mehr auf die Größe der Steine als auf deren Reinheit ankam. Schon gar nicht mehr könnte sich ereignen, was an einem Abend der Belle Époque bei Maxim's geschah. La Belle Otero, die berühmteste Kurtisane der Zeit, hatte ihren großen Auftritt. Sämtlichen Schmuck, den hochvermögende Verehrer ihr geschenkt hatten, am Leib, betrat die schöne Zigeunerin das Lokal: um den Hals zwei Colliers, deren Vorbesitzerinnen die Kaiserinnen Eugénie von Frankreich und Elisabeth von Österreich waren, am Dekolleté zehn ungeschliffene Rubine, an den Händen acht Armbänder mit Rubinen und Smaragden, am Kopf ein Brillantdiadem und ein Paar Ohrringe von zusammen fünfzig Karat. Atemlos wartete ihr Publikum, Adel von Geblüt, Geldaristokratie und *noblesse de jupon*, des Unterrocks, darauf, wie die Rivalin der Schönen Otero, Liane de Pougy, auf diese Herausforderung reagieren würde. Mit schimmerndem Teint, blond, grazil, wie einem Jugendstilfenster entstiegen, erschien sie von der Rue Royale her in der Tür. »Sie haben einen Hals wie geschaffen für die Guillotine«, hatte ihr der verliebte Schriftsteller Jean Lorrain einst gesagt. Liane de Pougy trug keinen Schmuck. Keinen Ring, keine Kette, nichts. Behängt mit all ihren Juwelen, folgte ihr in drei Schritt Abstand die Zofe. Caroline Otero starb siebenundneunzigjährig und völlig verarmt 1965, kaum ein Jahrzehnt bevor Pierre Cardin das Maxim kaufte, um aus dem einstigen Prestige-Restaurant die Lokomotive für eine Handelsmarke des gehobenen Konsums zu machen. An Signalen für das Ende einer Epoche fehlte es nicht. Fast gleichzeitig mit dem Tod der Otero verunglückte im Bois de Boulogne am Steuer seines Ferrari der letzte Playboy Porfirio Rubirosa,

Exbotschafter des dominikanischen Diktators Trujillo, Exgatte von dessen Tochter Flor de Oro, der Milliardärinnen Barbara Hutton und Doris Duke sowie der Schauspielerinnen Danielle Darieux, Zsa Zsa Gabor und Odile Rodin. Die Schöne Otero hatte zuletzt in einer Zweizimmerwohnung am Bahnhof von Nizza gelebt. Das Casino von Monte Carlo, wo sie so viel Geld gelassen hatte, zahlte ihr eine kleine Leibrente. Von Diamantengeschenken größeren Umfangs hörte man danach in Frankreich erst wieder, als der zentralafrikanische Kaiser Bokassa dem Präsidenten Giscard d'Estaing Aufmerksamkeiten erwies.

Der Nationalökonom Werner Sombart beschreibt in »Luxus und Kapitalismus«, wie die Ausgaben der mittelalterlichen Höfe und des Papstes wesentlich zum Entstehen kapitalistischer Wirtschaftsformen beitrugen. Die Einkünfte aus weit verstreuten Gütern wurden an einem Platz gesammelt. Wohlstand häufte sich an. Es bildete sich ein größerer Markt für hochwertige Güter und damit ein Feld für unternehmerische Tätigkeit. In den italienischen Stadtrepubliken veränderte der Reichtum der Handelsherren die Kunstgeschichte; die Kirche war nicht mehr einziger Auftraggeber. In Frankreich, dem klassischen Land des Luxus, floss ein ständiger Strom von Geld und Gütern nach Paris und Versailles. Drückende Steuern und das starre Merkantilsystem Colberts unterhöhlten die alte Gesellschaftsordnung und führten letztlich die Revolution herbei. Auch sie kehrte den Strom nicht um. Der Architekt und Restaurator Viollet-le-Duc konstatierte auf seinen Reisen während des zweiten Drittels des

19. Jahrhunderts, dass er in der Provinz kaum mehr hochqualifizierte Bauhandwerker und Steinmetze fand. Sie waren in Scharen in das weiter aufstrebende Paris abgewandert. Bis in die Gegenwart leistet sich Frankreich den Luxus, den überwiegenden Teil seines kreativen Potenzials und einen überproportionalen Teil seiner materiellen Ressourcen auf die Hauptstadt zu konzentrieren.

Den höfischen Glanz wie den bürgerlichen Prunk dieser Vergangenheit mobilisieren Frankreichs Traditionshäuser für ihr Überleben. Familienunternehmen, die Einzelstücke für qualitäts- oder schönheitsbesessene Liebhaber herstellen, stehen auf der Liste vom Aussterben bedrohter Arten. Die Luxusmetiers funktionieren nicht mehr wie ehedem. Die dreiundzwanzig Ateliers der *haute couture* mit ihren zweitausend Beschäftigten, aber nur noch einigen Hundert Kundinnen, in der ganzen Welt sind zu Fassaden industrieller Konglomerate geworden. Die *haute couture* von heute lebt nicht davon, dass sie ihre Modelle für zehn- bis sechzigtausend Euro verkauft. Es könnte sich nur noch als Reklamegag rentieren, wenn Dior wie früher mit Mannequins und Kollektion zu einer Privatmodeschau für die Damen eines ägyptischen Baumwollmagnaten nach Kairo flöge. Das Geld wird mit den Milliarden gemacht, die Konfektion, Parfums, Schuhe und Accessoires unter dem Namen der *haute couture* umsetzen. Diese Namen sind wesentlicher Bestandteil der Ware. Wer sich den Luxus zweiter Güte leistet, will den Namenszug außen haben, als Statussymbol, sichtbar wie eine Automarke. Selbst *couturiers* werden kreiert. Talent genügt nicht. Es hätte für Christian Lacroix vermutlich als Plattform zum Erfolg nicht ausgereicht, dass er Entwerfer bei Hermès und künstlerischer Direktor von Jean Patou war. Die Gruppe Financière Agache, der neben anderen Dior und die Schuhfirma Celine gehören, entschloss sich, ein neues Haus der *haute couture* zu lancieren. Hauptfigur der Handlung – Lacroix, tragende Rollen – erstklassige PR-Leute und dynamische Geschäftsmänner.

Große Namen kann man machen oder kaufen. So ist die Nummer zwei des Cognac, Martell, unter Kontrolle des kanadischen Konzerns Seagram geraten (Champagner: Mumm, Perrier-Jouët; Whisky: Chivers, Glenlivet; Portwein: Sandeman). Der britische Konkurrent Grand Metropolitan (Whisky, Wodka: Smirnoff; Immobilien, Ladenketten) wurde knapp geschlagen. Der Preis war vierzigmal so hoch wie der Jahresgewinn von Martell. Aber für den Spirituosen-Giganten, der seine Angebotspalette weltweit um einen Cognac von Prestige ausweiten wollte, wäre es mutmaßlich noch teurer gewesen, das Renommee einer kleinen Marke aufzubauen. Mit ähnlichen Hintergedanken wird um das Etikett Bénédictine gerungen. Schon werden Weingüter des Bordelais für dreistellige Millionensummen an Gesellschaften verkauft. Die Erbschaftssteuer von vierzig Prozent beim Übergang von Eltern auf Kinder wird bei steigenden Preisen für private Besitzer unerschwinglich. »Wenn das so weitergeht, gibt es in der nächsten Generation keine Familienbetriebe mehr«, prophezeit ein Winzer.

Überhaupt die Namen. Nirgendwo sonst sind sie so sehr Schall und Rauch oder Schall und Hauch wie bei Parfums. Nur Fachleute wissen, dass die zehn markenführenden Unternehmen nicht die sind, deren Signum auf den kostbaren Flakons erscheint. Vielmehr heißen sie International Flavors and Fragances, Naarden und PPF (alle drei Unilever), Roure-Bertrand-Dupont und Givaudan (beide Hoffmann-La Roche). Haarmann und Reimer, Firmenich, Florasynth, Bush Boake Allen und Takasago. Sie teilen sich die Hälfte des Weltmarktes. Die Entwicklung eines Parfums ist nicht länger Sache genialer Nasen im südfranzösischen Grasse oder in einem Pariser Atelier. Die Multis lassen Teams von mehreren Dutzend Spezialisten arbeiten, gewöhnlich zwei bis drei Jahre lang. Bevor ein neues Parfum von Dior herauskommt, werden seine kommerziellen Möglichkeiten in mehreren Ländern ausprobiert. Längst bestehen die meisten Parfums zu zwei Dritteln aus synthetischen Essenzen. Um ein Kilo Rosenöl zu gewinnen, braucht man drei Tonnen Blüten, mindestens zwanzigtausend an der Zahl, von Hand zu pflücken, was den Preis des Endprodukts auf fünftausend Euro pro Kilo treibt. Das Kilo synthetischer 2-Phenylethylalkohol kostet kaum einen Euro. Natürliches Sandelholzöl kommt auf dreihundert Euro pro Kilo, Ersatz auf zehn. Kein Wunder, dass Eau Sauvage (Dior) nach Dimethylhydrojasmonat duftet statt nach dem überholten Jasmin.

Auf den Champs-Elysées, der Prachtstraße von Paris, ist der Travellers Club mit seiner strengen Mitgliederauswahl die einzige Oase der Exklusivität geblieben. Zu beiden Seiten der Straße gibt es Großbanken, Büros von Fluglinien, Autoschauräume, aber nur noch ein Restaurant, Fouquet's, das die Bezeichnung elegant beansprucht. Vor sechzehn Kinos mit zusammen neunundfünfzig Sälen stehen am Abend Schlangen, doch wer flanieren will, findet nur noch eine Handvoll Caféterrassen, wo er sich niederlassen könnte. Die meisten sind Hamburger-Lokalen gewichen oder den Schnellrestaurants französischer Billigketten, die ein Standardmenü bieten: immer eine Variante von Salat, Steak mit Pommes frites, Dessert. Erst blieben die Pariser weg, dann die betuchteren Touristen. Es kamen Provinzler, Jugendliche aus den Vorstädten, Gammler und Gauner. Den Boutiquen, die sich in den Passagen auftaten, geht es nicht gut. Aber selbst in den Drei-Sterne-Restaurants an anderen Stellen der Stadt ist die Welt nicht mehr ganz in Ordnung. Ein Gastronomiekritiker bemängelte jüngst, dass bei allem Aufwand für Bedienung, Geschirr und Ausstattung nirgends mehr die Serviette nach dem Fischgang gewechselt wird. »Noch beim Käse kann man Austerngeruch oder Hummersplitter unter die Nase kriegen«, sagte er.

Von solchen Sorgen wusste Abdul Asis Ibn Saud nichts. Der Vater des Königs, der sich sein Versailles II in die Wüste baute, fand seine Freude bei der Falkenjagd oder an der kühlen Brise, die sich erhob, wenn er bei Sonnenuntergang am Rande von Riad in die Wüste blickte. Dafür konnte sich der Mann, der aus einer bescheidenen Stammesherrschaft ein Reich machte, den Luxus großer Gefühle leisten. Als sein Lieblingssohn Turki starb, schloss er sich drei Jahre ein, um zu trauern. Und noch am Ende eines langen Lebens, in dem es an Macht, Frauen und immer mehr Reichtum nicht gefehlt hatte, dachte

Abdul Asis Ibn Saud voller Wehmut daran, dass er nie so glücklich war wie mit Turkis Mutter, seiner ersten Frau.

Wo ist die Lebenslust?

Tabletten und Tristesse

»Prozac, alle verlangen heute Prozac«, sagt Madame Tonnelier. »Es ist keins mehr da!« Ihre Apotheke liegt in der Nähe des Elysée und des Innenministeriums. Aber die Inhaberin behauptet nicht, dass die Kunden für das beliebte Medikament gegen Depressionen in erster Linie von dort kommen. Der Run auf Psychopharmaka hat das ganze Land erfasst. Im Jahr kaufen die Franzosen weit mehr als zweihundertfünfzig Millionen Schachteln mit fast fünf Milliarden Pillen gegen Nervosität, Lebensangst oder andere seelisch bedingte Leiden. Ihr Verbrauch an Beruhigungsmitteln ist bei Weitem der höchste in Europa, mehr als das Dreifache dessen, was Briten oder Deutsche schlucken. Und niemand weiß wirklich, warum.

Über die Gründe gebe es merkwürdig wenig Untersuchungen, stellt Professor Edouard Zarifian von der Universität Caen in einem Bericht für den Gesundheitsminister fest. Die Daten des Psychotropen-Marktes sind besser geschützt als militärische Geheimnisse. Man weiß immerhin, dass zweihunderttausend Personen in Abhängigkeit von Lachpillen leben. Jeder neunte Erwachsene nimmt davon mindestens einmal in der Woche. Unter den Frauen über sechzig Jahren sind dreißig Prozent regelmäßig Konsumentinnen, von den Arbeitslosen siebenundfünfzig Prozent. In Orten mit weniger als fünftausend Einwohnern ist der Verbrauch am größten.

Für diese alarmierenden Daten aus dem Land der Lebenskünstler und Genießer macht der Psychiater Zarifian in erster Linie die Hersteller der Antidepressiva verantwortlich. »Zeitschriften, Kolloquien, Kongresse werden entweder von der Pharmaindustrie organisiert oder finanziell gefördert«, heißt es in dem Bericht. Die Fortbildung der Ärzte erfolge »ausschließlich durch Quellen, die von der Industrie kontrolliert werden, bei Fehlen von objektiven akademischen Referenzen, die im Widerspruch zur Werbebotschaft stehen könnten«. Es geht um einen Markt von einer halben Milliarde Euro im Jahr.

Unter dem doppelten Druck von Produzenten und Patienten müsse ein Arzt ein Held sein, wenn er der Versuchung widerstehen wolle, systematisch zu verschreiben, meint Zarifian. Hinzu komme, dass »zwischen zahlreichen Meinungsführern im akademischen Bereich und der Pharmaindustrie enge Beziehungen bestehen«. Dadurch erhalte die Reklamebotschaft höhere Weihen und zusätzliche Glaubwürdigkeit. Es bestehe indessen das Risiko, dass mit der allgemeinen Verbreitung solcher Drogen die Nachteile größer würden als ihre Wohltaten.

Der Soziologe Alain Ehrenberg sieht den Grund, weshalb so viele Franzosen sich mit chemischen Prothesen ausrüsten, im gestiegenen Erwartungsdruck. »Sogar, wenn jemand sich nur um eine untergeordnete Stelle bewirbt, soll er selbständig sein, effizient, dynamisch, motiviert.« Gesellschaftliche Probleme, die vor zwanzig Jahren politischen Ausdruck gefunden hätten, würden heute in psychischen Kategorien von

Angst und Depression gesehen: Deshalb die Welle von psychopharmazeutischer und Psychotherapie.

In Frankreich praktizieren sechstausend Psychiater; sechsunddreißigtausend katholische Priester zelebrieren die Messe. Aber es gibt noch andere Helfer gegen Seelennöte. Fast fünfzigtausend Französinnen und Franzosen meldeten beim Finanzamt im vergangenen Jahr Einkommen als Hellseher, Astrologen, Medien und Glaubensheilkundige an – mehr als je zuvor. Im Land des Logikers René Descartes (»Ich denke, also bin ich«) ist vier Jahrhunderte nach dessen Geburt das Irrationale auf breiter Front im Vormarsch. Laut Umfragen glauben mehr Leute als vor zehn Jahren an den Teufel. Afrikanische Marabuts, die ihre Zauberkunst mit Flugblättern an Metrostationen anpreisen lassen, haben regen Zulauf – auch bei angestammten Franzosen.

Zarifians einzige gute Nachricht lautet, aus der übermäßigen Verbreitung von Psychopharmaka ließen sich »keine Schlüsse auf die geistige Gesundheit der Franzosen« ziehen. Am häufigsten werden die Medikamente Temesta und Lexomil, Imovane, Stilnox und Rohypnol verschrieben. Sie kommen auf jedem siebenten Rezept vor. In vier Fünfteln aller Fälle verordnet sie der Hausarzt. Madame Tonnelier hat in ihrer Apotheke Kunden, die mit Rezepten für die relativ neue Wunderdroge Prozac inzwischen auch vom Veterinär kommen. Sie bewährt sich bei Hunden, die zu unruhig sind, aggressiv oder aufsässig gegen ihren Herren. Auch von Hunden, die viel bellen, sich ständig kratzen oder sich durch zwanghaftes Lecken selber Schwären beibringen, wird Prozac gern genommen.

Abendrot im Osten

Und überall ist Tokio

Von hinten schaut er aus wie Manet bei der Arbeit. Ein weicher Strohhut bedeckt sein Haupt. Sein Nackenhaar fällt auf einen blauen Kittel. Was er auf der Staffelei hat, ist allerdings mehr Utrillo: eine holprige Montmartre-Gasse mit winkeligen Häusern und droben auf der Höh' natürlich Sacré-Cœur. Von Zeit zu Zeit nimmt er einen teuren Kontaktfeldstecher, der um seinen Hals baumelt, um ein Detail deutlicher zu erfassen. So etwas tut kein Impressionist, nicht einmal ein sehr später. Dafür wird das Produkt echter als das Original. Das war schon immer so bei den Japanern, die heute zu Dutzenden die Perspektivpunkte der Butte und anderer Malerwinkel von Paris besetzen. Ihre Kleider, ihre Ausrüstung, ihre Bilder sind stilecht, vielleicht ein bisschen zu ordentlich. Aber den Hauch von Schlamperei, der zur Vollkommenheit gehört, werden sie wohl auch noch lernen.

Da kämpft die Regierung gegen japanische Elektronik, Autos und andere Windmühlenflügel der Überfremdung, und derweil dringt der Feind schlitzäugig durch sämtliche Hintertüren ein. Der Feind? Das authentische Paris kann ohne seine Asiaten kaum mehr auskommen. Im Konservatorium stellen sie die stärkste Ausländerfraktion: »Sie kommen an, können kein Wort Französisch, arbeiten Tag und Nacht, und nach sechs Monaten haben sie das Wesen westlicher Musik erfasst«, sagt ein Professor. Die *Prêt-à-porter*-Woche wird oft durch japanische *couturiers*, von denen es inzwischen ein halbes Dutzend gibt, eröffnet und beschlossen. Einige alteingesessene Parfumeure gehen so weit, ihren neuen Erzeugnissen durch Namen und Aufmachung den Anschein zu geben, es seien die Strahlen der aufgehenden Sonne auf sie gefallen.

Nun hat eine Tokioter Konfektionsfirma auch noch die Hälfte des Aktienkapitals von André Courrèges gekauft. In der Modebranche kann das Abendrot auch im Osten stattfinden.

Sicherheit im Teller

Vom schnellen Altern der »nouvelle cuisine«

Die letzten Modetipps aus Paris sind kategorisch: Erdbeeressig ist passé; auch Kürbisessig, Himbeeressig wird nicht mehr aufgetragen. Gault und Millau wurden gesehen, wie sie in einer *brasserie*, wo es rundum deftig roch, *bœuf bourguignon* bestellten und am Ende noch die dicke dunkelbraune Sauce mit Weißbrot auftunkten. Die Bandnudeln hatten sie schon vorher gegessen.

Liegt es an der Krise, dass die Leute die farbenfrohen Überraschungsteller der *nouvelle cuisine* nicht mehr wollen und statt dessen alterprobtes Nahrhaftes verlangen? Was gäbe mehr Sicherheit als eine warme, gut gefüllte Terrine? Die Küchenrevolution dauerte genau zehn Jahre. Paul Bocuse, die Brüder Troisgros, Alain Chapel und Michel Guérard hatten die Lehre vom Frischen, Kurzgekochten, Originellen, hübsch Anzuschauenden 1970 kreiert. Die Abenddämmerung setzte 1980 ein, als einer der Gründerväter privaten Gästen, die auf Verschwiegenheit vergattert wurden, ein konventionelles Menü vorsetzte. Michel Guérard spricht es offen aus, dass man in der Neuen Küche überall »die gleichen Menüs, die gleichen Gerichte, die gleichen Namen findet«, nicht nur in Frankreich, sondern auch in Deutschland, in Amerika und – grässlicher Gedanke – sogar in England. Alles schmeckt gleich, alles ist getrickst, alles ist auf Schau gemacht. Pierre Troisgros sieht die *nouvelle cuisine* »in der Sackgasse«. Die Gegenrevolution ist vom *hors d'œuvre* bis zum *dessert* auf dem Vormarsch.

Von den sechs Pariser Restaurants, die als erstrangig gelten, hatte die Neue Küche ohnehin nur eins besessen. Noch ist es voll. »Es war recht angenehm, ich habe dreihundert Euro bezahlt, und ich bin hungrig aufgestanden«, urteilte jüngst ein kundiger Esser, aus dem kein Stammgast wird. Nichts ist so abgestanden wie das Allerneueste von vorgestern.

Die jüngste Sternstunde für Frankreichs Gastronomie schlägt nicht in Küche, Keller oder gar auf dem Teller, sondern beim Finanzamt. Endlich soll für richtige Restaurants die Mehrwertsteuer von 19,6 auf den Vorzugssatz von fünfeinhalb Prozent gesenkt werden, den bisher nur vaterlandslose Hamburger-Bratereien, noch dazu mit angelsächsischen Firmennamen, genießen. Warum Fast Food gegenüber den nationalen Institutionen *bistrot* und *haute cuisine* steuerlich bevorzugt wurde, weiß niemand genau. So hatte man sich jene kulturelle Ausnahme nicht vorgestellt, die französische Regierungen zäh verteidigen, wenn es um Film, Fernsehen oder Konsum-Musik geht! Dass kulinarische Raffinesse zu den schönen Künsten gehört, galt zwischen Ärmelkanal und Pyrenäen immer als ausgemacht.

Jetzt werden die Restaurants billiger, frohlocken viele. Keine Rede. Sofort stellen Sprecher des notleidenden Gastgewerbes klar, dass die Wirte seit Jahrzehnten an der Existenzgrenze kochen. Und da sie Rückenwind spüren, wollen die Restaurateure gleich noch eine andere gesetzliche Last abschütteln: das Gratis-Brot. Den Nationalhelden Charles de Gaulle hatte es wie viele geärgert, wenn auf der Rechnung am Ende mit Brot, Service und Steuer fast das Doppelte von dem stand, was die Speisen kosteten. Auf der Höhe seiner Macht verfügte er deshalb Inklusivpreise für sämtliche Menus, eine Reform, die dauerhafter scheint als die politischen Institutionen der Fünften Republik. Vielen Religionen ist das Brot heilig, sein Preis war oft ein Politikum. Mit ihrem Bonmot, das Volk solle doch Kuchen essen, wenn kein Brot da sei, witzelte sich die leichtsinnige Königin Marie-Antoinette um Thron und Kragen. Über die wahren Wertvorstellungen einer Nation verrät der Umgang mit Speisen mehr als Wahlen oder Umfragen: Wenn die Franzosen das Erbe des Generals an dieser Stelle verschleuderten, dann läge Abendrot über dem Gaullismus.

Übrigens gibt es in ganz Paris kein einziges deutsches Restaurant mehr. Dabei existierte vor nicht allzu langer Zeit eine ganze Reihe von ihnen, zum Teil an prominenter Stelle. Alle haben in den letzten Jahren zugesperrt. Da war »Lindts Münchner Keller«, in der Rue Danielle Casanova, nicht weit von der Oper, wo zwar nicht stilgerecht im Souterrain, aber an der Bar im Erdgeschoss und im ersten Stock Bier nebst deftiger Kost nach bayerischer Art serviert wurde. Jetzt ist daraus ein koreanisches Lokal geworden. Ganz in der Nähe, jenseits der Avenue de l´Opéra, schenkte der »Thannhäuser« aus. Er ist spurlos verschwunden.

»Le Bayern« am Châtelet ist längst renaturalisiert und damit wieder gut französisch geworden.

Das gleiche Schicksal erlitt das »Pschorr« an der Bastille. An der eleganten Avenue George V gelegen und von einer zahlungskräftigen Kundschaft gut besucht, hatte »Le Vieux Berlin« als Erstes schon in den achtziger Jahren aufgegeben. Dass dort ein Rotwein mit dem auf Französisch anrüchigen Namen »Merdinger« gezapft wurde, kann nicht der einzige Grund gewesen sein. Als Letztes schloss im Herbst 2007 das »Löwenbräu Champs Elysées«, in einer Passage nur einen Steinwurf vom Arc de Triomphe. Es war weiträumig, meistens voll und hatte regelmäßig Trachtenkapellen. Angeblich war die Miete zu hoch geworden.

Das Sterben deutscher *bistrots, brasserien* und Wirtschaften ist umso weniger erklärlich, als in der Pariser Gastronomie kaum weniger Nationen vertreten sind als in der UNO. Niemand hat die Chinesen, Japaner, Pizza-Italiener oder nordafrikanischen Couscous-Spezialisten gezählt. Libanesen, Afghanen, Tibeter, Südamerikaner, Inder, Portugiesen, Russen und viele andere haben ebenfalls ihre sichere *clientèle*. Und gleich neben dem Löwenbräu selig floriert weiterhin das »Copenhagen«. Eingegangen ist dagegen – zusammen mit den Deutschen – der einzige Ungar.

Hand in Hand mit dem Rückzug der Deutschen aus der Pariser Küche machten sich die Biere aus Bayern und dem Rest des Bundes rar. Vor einem halben Jahrhundert, als noch der Schlagschatten des Krieges über dem Deutschlandbild der Franzosen lag, hatte praktisch jedes Pariser *bistrot* neben heimischem Gebräu einen Hahn für »Poolanär« (Paulaner), »Es-patän« (Spaten) oder das unaussprechliche

»Pschorr«. Man konnte überall »un demi Munich« bestellen, wobei die Halbe in Frankreich einen Viertelliter bedeutet. Für Zaghafte gab es den »Bock«, keine Sorte, sondern einen Zehntelliter Bier im Rotwein-Ballon.

Vorbei. Brauereien aus Belgien, Irland, England, Holland, Dänemark, Mexiko sind an den Theken im Vormarsch. Die Halbe aus München ist daneben längst nicht mehr selbstverständlich. Eine Zeit lang hatte noch Bitburger Pils einen gewissen Heiterkeitserfolg: Sein Werbespruch »Bitte ein Bit« enthält phonetisch gleich zweimal das gebräuchliche französische Wort für das männliche Organ. Aber auch dieser unfreiwillige Spaß brachte keine haltbare Konsumgewohnheit hervor.

Paris im Sommerschlaf

Wenn die Suche nach einer frischen »baguette« zum Tagesprogramm wird

Brot vom Backterminal oder vom Bäcker? Seit 1. Januar 1997 ist diese für Frankreichs Esskultur entscheidende Frage gesetzlich geregelt: Die vertrauensbildende Aufschrift *Boulangerie,* zu Deutsch Bäckerei, dürfen hinfort nur noch Betriebe tragen, die ihren Teig selber mischen, kneten, formen und backen. Wer von einer Großmühle tiefgefrorene Masse bezieht, diese nur auftaut und seine *baguette* eine Stunde später verkauft, muss auf Fantasiebezeichnungen wie »Pauls Backofen« ausweichen, die schon jetzt umso bodenständiger klingen, je mehr sie die traurige Wahrheit verschleiern.

Denn mit dem täglichen Brot der Franzosen geht es bergab. Zu Beginn des Jahrhunderts aßen sie im Durchschnitt neunhundert Gramm pro Tag, heute sind es nur noch hundertfünfzig Gramm, viel weniger als in Deutschland. Das Sprichwort »lang wie ein Tag ohne Brot« scheint nicht mehr zu gelten. Nach der fotogenen Figur mit der Baskenmütze und der *baguette* unter dem Arm spähen Ausländer oft lange. Und viele Franzosen müssen weite Wege machen, um einen unter sechsunddreißigtausend Bäckern zu finden, dessen Brot wie früher schmeckt.

Die industrielle Revolution hat die Backstuben

erreicht. Eine politische Revolution wie 1789, bei deren Entstehen Preis und Qualität des Brotes eine erhebliche Rolle spielten, bricht deshalb nicht mehr aus. Schon jede sechste *baguette* kommt aus einer Brotfabrik. Sogar vor Brotstangen in der Plastikhülle schrecken abgestumpfte Verbraucher nicht mehr zurück. Und mehr als dreitausend Bäckerläden, die wie Handwerksbetriebe aussehen, sind in Wirklichkeit Backterminals. Die Besitzer rühmen sich, dass ihre *baguette* nicht schlechter ist als die von Hand hergestellte. Das Schlimmste ist, oft stimmt es.

Paris, im August – das bescheidene Stangenweißbrot weckt begehrliche Blicke. Endlich bricht einer der Wartenden an der Bushaltestelle das Schweigen: »Wo haben Sie es gekauft?« Der Bäcker an der Ecke hat zu. Der in der nächsten Querstraße auch. Und das Lebensmittelgeschäft mit Brotdepot, schräg gegenüber, hat gleichfalls die Fensterläden geschlossen. »Fermeture annuelle – Jahresschließung«, was im Klartext nichts anderes als Ferien bedeutet, steht auf vorgedruckten Zetteln, welche die Geschäftsleute mit Angabe des Wiedereröffnungsdatums an die leeren Fenster hängen. Es braucht in französischen Wohnvierteln – abseits der Touristenpfade – zwischen 14. Juli und Anfang September oft lange Umwege, um an eine *baguette* zu kommen.

»Die traditionelle Sommerpause gibt es nicht mehr«, meldete der Frankreichkorrespondent der *Süddeutschen Zeitung* in den dynamischen siebziger Jahren. Das stimmte damals, aber das Pendel hat seither zurückgeschlagen. Nicht nur Läden, sondern auch immer mehr Fabriken und Büros gehen wie früher in den Sommerschlaf. Die Zahl der Firmen, in denen die Arbeit im Juli und August völlig ruhte, war von einstmals achtzig Prozent bis Mitte der achtziger Jahre auf siebenunddreißig Prozent gesunken. Jetzt sind es wieder über fünfzig Prozent. Jeder zweite Franzose ist im August in Urlaub. Der Index der Industrieproduktion fällt dann von hundertzwölf im Juni auf achtzig. Der Export geht um dreißig Prozent zurück.

Da ohnehin Flaute und steigende Arbeitslosigkeit das Klima bestimmen, bereitet diese Entwicklung den Experten Sorge. Aber es ist wenig dagegen zu machen. Die Autowerke von Peugeot, Citroën und Renault beispielsweise, die von 25. Juli bis 25. August stillliegen, begründen dies vorwiegend mit der Abhängigkeit von Zulieferern, die ihrerseits Betriebsferien machen. In den Werken von Douai trifft normalerweise alle fünfundvierzig Minuten ein Lastwagen mit Autositzen ein. Im Sommer kommt er nicht. »Wir stellen etwas weniger als fünfzig Prozent der Bestandteile unserer Autos selber her«, sagte der letzte Präsident von Peugeot-Citroën. »Der Rest kommt von Zulieferern. Von ihnen legt im August die große Mehrheit den Schlüssel unter den Fußabstreifer. Da unsere Vorräte praktisch auf null gehalten werden, muss Peugeot sich diesem Zug anschließen.«

Den Sommerrekord der geschlossenen Betriebe hält mit fünfundsiebzig Prozent seit langen Jahren die Konfektionsindustrie, gefolgt von der Holzverarbeitung mit achtundsechzig Prozent und von der Metallindustrie mit sechzig Prozent. In allen drei Branchen geht die Aktivität um mehr als vier Fünftel zurück. In der Bauindustrie, wo Zuschläge für Arbeit in den Sommerwochen gezahlt werden müssen, herrscht dagegen Hochkonjunktur. Erhebliche Mitschuld am Sommerloch wird der Tourismus-Lobby nachgesagt, die sich lange einer wirksamen Staffelung der Schulferien widersetzte.

Mit produktiver Arbeit sind ohnehin, wie das Nationale Institut für Demografische Studien (INED) veröffentlichte, immer weniger Franzosen beschäftigt. Die Zahl der Arbeiter ging zwischen 1982 und 1990 um 1,7 Prozent auf 7,6 Millionen zurück, die der Bauern um zweiunddreißig Prozent auf neunhundertneunundneunzigtausend. Dafür haben die Ruheständler um dreiundzwanzig Prozent auf 9,2 Millionen zugenommen, die sonstigen Nichtbeschäftigten um zehn Prozent auf 23,7 Millionen, die Angestellten sowie die Kategorien der Führungskräfte und intellektuellen Berufe um zweiundvierzig Prozent auf 1,9 Millionen. Diese Entwicklung geht unaufhaltsam weiter.

In jenen Zahlen muss auch die soziale Umgestaltung zum Bürokratenstaat enthalten sein, die gleichzeitig das Französische Forschungsinstitut für die öffentlichen Verwaltungen (Ifrap) konstatierte. Während Frankreich 1914 mit vierhunderttausend Staatsdienern auskam, braucht es heute mehr als fünf Millionen, heißt es in einem Bericht, der sich wie eine Bestätigung des Parkinson'schen Gesetzes liest. Ein englischer Autor hatte 1955 in einem Essay unter dem apokryphen Namen »Professor C. Northcote Parkinson« die These aufgestellt, dass sich jede Verwaltung Gründe zum Wachstum verschafft. »Je weniger es zu verwalten gibt, umso mehr Beamte braucht man dafür«, lautet jetzt die Folgerung des Instituts. Als krasses Beispiel wird das Pariser Landwirtschaftsministerium genannt, dessen Mitarbeiterstab auf heute achtunddreißigtausend angewachsen ist, obwohl die Bauern, wie von der INED festgestellt, rapide weniger werden. Während die französische Industrie in den vergangenen zehn Jahren eine Million Arbeitsplätze verlor, baute das Industrieministerium sein Personal um fünfundzwanzig Prozent aus. Sogar das Ministerium für die Kriegsveteranen, deren Zahl sich alljährlich um dreieinhalb Prozent vermindert, wird kaum kleiner.

Aus dem Zweiten Weltkrieg war Frankreich noch mit neunhunderttausend *fonctionnaires* hervorgegangen. Rund eineinhalb Millionen waren es zwanzig Jahre später, 2,2 Millionen im Jahr 1976. In der heutigen Zahl von fünf Millionen sind zwar die eineinhalb Millionen Beschäftigten der Gemeinden, Departements und Regionen sowie die sechshunderttausend Angehörigen des öffentlichen Gesundheitsdienstes enthalten, nicht aber die dreieinhalb Millionen Pensionisten des Öffentlichen Sektors. Der Staat gibt für sie ziemlich genauso viel aus, wie die Mehrwertsteuer erbringt.

Dass sie für ihr Geld nichts leisten, behauptet das Ifrap nicht. Der Jahrgang 1976 des *Journal Officiel*, in dem die Gesetze und Verordnungen veröffentlicht werden, kam noch mit 7.070 Seiten aus. Der letzte Jahrgang umfasste bereits 17.141 Seiten. Um seine Gewerbesteuer zu deklarieren, muss ein mittleres Unternehmen 3,6 Meter Formulare ausfüllen, wozu vorher drei Meter Erläuterungen gelesen werden müssen.

Kein Wellenschlag am Pflasterstrand

Schwimmern bleibt nur das Bad in Nostalgie

Wer in den heißesten Hundstagen, wenn das Elysée verwaist ist, kein Ministerrat tagt und sogar die besseren Restaurants zusperren, Lust auf ein kühles Bad hat, für den hat Frankreichs Hauptstadt gute Adressen parat. Es liegt nahe, an Le Touquet-Paris-Plage zu denken, das schon durch seinen amtlichen Namen zu erkennen gibt, dass es der Strand der Pariser ist so wie der Lido von Ostia der Strand der Römer. Bloß: Nach Ostia kann man beinahe zu Fuß gehen, aber nach Touquet sind es zweihunderteinundzwanzig Kilometer. Auf der Diretissima; das heißt auf der Landstraße, auf der Autobahn via Arras wären es gut sechzig Kilometer mehr. Der Zug braucht zwei Stunden. Aber der Strand ist schön.

Natürlich kann man sich auch in Deauville erfrischen, wie es die elegante Welt von der Belle Époque bis in die goldenen fünfziger Jahre tat. Dorthin führt die Autobahn fast bis an die Umkleidekabinen. Die Brandung ist fabelhaft, die Brise weht steif vom perlmuttgrauen Ärmelkanal, der Sandstrand ist so breit, dass selbst bei Flut die Segelwagen rennen können. Pferderennen und ein Spielkasino gibt es außerdem. Und auf der Karte schaut alles ganz nah aus (»gleich hinter Rouen«, weisen Pariser Freunde den Anfänger ein). Aber zweihundertsieben Kilometer sind es doch.

Wie gut, dass es für eilige Wasserratten oder bescheidene Sonnenanbeter l'Isle Adam gibt, die Adamsinsel. Der Name des Ortes ist irreführend. Nudistinnen und Nudisten, Voyeusen und Voyeure kommen dort nicht auf ihre Rechnung: Ruhig fließt die Oise, vorbei an Liegewiesen, Schwimmbecken und Sprungtürmen, ein richtiges Familienbad und ganze sechsunddreißig Kilometer vom Eiffelturm. Wer nicht gerade zur Stoßzeit fährt, ist in einer Stunde schon draußen. Die Heimfahrt, am Wochenende, kann erheblich länger dauern.

Und in Paris selber kann man überhaupt nicht schwimmen? »Sie hätten vor zehn Jahren kommen sollen, oder vor hundert«, sagt der Ortskundige. »Da gab es die Piscine Deligny.« Die Badeanstalt Deligny lag recht günstig, mitten in der Stadt. Von ihrem Oberdeck aus sah man den Louvre, die Nationalversammlung, die Place de la Concorde und manchmal den deutschen Botschafter beim Spaziergang im Garten seiner Residenz, des Palais Beauharnais – zu dessen historischen Schätzen übrigens eine der ältesten Badewannen Frankreichs gehört. Auf den Lattenrosten im Inneren der Piscine lagerten Pariser Naturschönheiten, dicht gedrängt im Wettstreit um den kleinsten Monokini. Am Abend wurde gefestet und geflirtet.

Schon die Bourbonenkönige Karl X. und Louis Philippe hatten hier gebadet. Marcel Proust und Jacques Prevert wurden von Delignys Schwimmanstalt zu Prosa und Lyrik inspiriert. Seit 1785 ankerten ihre Pontons in der Seine, Wasser in Wasser, zuletzt freilich Leitungswasser in Schmutzwasser, scheinbar immerwährend wie das Schiff im Wappen von Paris, dem das Motto verheißt »Möge es schwimmen, nie untergehen«. Genau dieses passierte indessen der Piscine Deligny. Eines Nachts, im Juli 1993, knackte es in den Spanten. Nur vierzig Minuten später ging alles auf Grund. Das Pariser Badeleben war zu Ende.

Dass die Franzosen ungern ins Wasser gehen, lässt sich nicht behaupten. Statistiker haben aufgrund der Zahlen aus den Brennpunkten des Fremdenverkehrs errechnet, dass sich im August – wie schon in der zweiten Julihälfte – fünfundzwanzig Millionen Menschen auf nur vier Prozent des Staatsgebietes aufhalten. Der größte Teil dieser vier Prozent besteht aus den Sandbänken von Le Touquet-Paris-Plage, Deauville sowie den 1.473 anderen offiziell kontrollierten Badestränden zwischen dem flandrischen Dünkirchen und dem baskischen Hendaye, beziehungsweise zwischen Cerbère am östlichen Ende der Pyrenäen und Menton an der italienischen Grenze.

Kaum einer lässt sich davon abhalten, dass das Wasser an mehr als einem Zehntel dieser Strände entsprechend einer uralten und nicht besonders anspruchsvollen Euro-Norm »zeitweise verschmutzt« ist und an zwei weiteren sogar »schlechte Qualität« aufweist. Wenn an einem Sommerwochenende dreißig Millionen Franzosen gleichzeitig ans Meer wollen – oder zu Beginn der Weihnachtsferien sieben Millionen in die engen Hochtäler von Savoyen –, entsteht jedes Mal ein Gedränge, das einen britischen Journalisten zu einem berühmt gewordenen Missverständnis verführte: Während der Staatskrise um Charles de Gaulles Rückkehr an die Macht im

Jahr 1958 erlebte der neu ernannte Korrespondent zum ersten Mal, wie die Pariser bei ihrem saisonalen Auszug mit angespannten Mienen in vollgepackten Autos sitzen und unter gewagten Überholmanövern aus der Stadt preschen. Da der Kollege noch nicht gut Französisch verstand, berichtete er in seiner Zeitung, die Pariser Bevölkerung mache sich aus Angst vor einem Bürgerkrieg auf die Flucht.

Um so rätselhafter, dass die Kombination von offenem Himmel und Wasser gerade in der Hauptstadt mit der umliegenden Region Île-de-France, wo zehn bis zwölf Millionen Menschen leben, so rar ist. Der Bois de Boulogne, der Bois de Vincennes, die beiden großen Parks am westlichen und östlichen Rand von Paris, haben Teiche und Seen. Man kann auf ihnen rudern, die Enten füttern, halb legal angeln, sich von einem Fergen zu einer Insel mit Restaurant übersetzen lassen. Aber schwimmen können dort nur Hunde. Im Jardin d'Acclimatation, einem Vergnügungs- und Lernpark innerhalb des Bois de Boulogne, existiert ein Planschbecken speziell für Kinder. Es ist überfüllt und gut vierzig Zentimeter tief. Die Seine-Quais, so weit sie nicht Autoschnellwege sind, werden schon beim ersten Sonnenstrahl im Lenz zum Pflasterstrand – aber allein zwecks Bräunung. Der Fluss selber lädt auch Abgebrühte nicht mehr zum Bade.

Nostalgiker der Piscine Deligny lehnen noch immer am Ufergeländer vor dem Musée d'Orsay und blicken auf die eisernen Reste. Gibt es denn wirklich keinen Ersatz? »Soll ich vielleicht in ein Hallenbad gehen, Monsieur?«, fragt der flotte Mann in den besten Jahren, die Mundwinkel entsagungsvoll herabgezogen. Hallenbäder gibt es zu Dutzenden. Das schönste war, darüber sind sich alle einig, die Piscine Molitor in Auteuil, ein Monument des Art-déco-Stils, das sogar unter Denkmalschutz stand. Hier wurden 1934 die ersten Modefotos im Badeanzug gemacht, hier hat man 1946 den Bikini kreiert. André Cayatte und andere bauten die Piscine Molitor in Filme ein. Im Winter konnte man Schlittschuh laufen. »Konnte«, »stand unter Denkmalschutz«, »war«: Die Piscine Molitor ist seit Jahren wegen Hinfälligkeit vermauert und steht in Gefahr, den Baulöwen vorgeworfen zu werden.

»Schauen Sie sich doch so ein Hallenbad an, Monsieur! Gehen Sie zur Tour Montparnasse!« Tatsächlich, unter dem mehr als zweihundert Meter hohen Wolkenkratzer, der seit den siebziger Jahren die Pariser Stadtsilhouette versaut, wird Wassersport getrieben. Man kann es sogar von außen verfolgen, durch große beschlagene Scheiben, und der Chlorgeruch dringt durch die Entlüftungsschlitze. Genau wie unter den Hallen, dem einstigen Bauch von Paris, der mangels besserer Ideen durch Einkaufs- und Amüsier-Prothesen einer Art ersetzt wurde, wie andere Metropolen sie schamhaft weit draußen an der Peripherie errichten. Auch das Hallenbad in den Hallen, mit seinem künstlichen, gebrochenen Licht einem Aquarium nicht unähnlich, hat dem Naturfreund wenig zu bieten. Rhythmisch tauchen Bademützen aus dem Wasser. Ein bleicher Schwimmer schwingt sich aus dem Bassin, starrt mit rot geränderten Augen durchs Fenster nach draußen und springt wieder in die Fluten.

Eine andere Art des öffentlichen Bades wird

durch die allgemeine Duschkultur und gestiegene Hygienestandards bedroht. Seit jeder in die eigene Wanne steigt oder zu Hause braust, werden *bains-douches*, wie es sie früher in allen Pariser Vierteln gab, immer weniger gebraucht. Im Marais ist ein architektonisch interessantes Schwitzbad zur Boutique einer Konfektionskette geworden. Nur die Mosaikschrift »Hammam« an der Fassade kündet noch von der nassen Vergangenheit. In anderen Bädern wird weiter geschwitzt. Sie sind jetzt Diskotheken.

Dafür sind am Stadtrand einige moderne »Erlebnisbäder« entstanden, mit Rutschbahnen, Wellenschlag, Wasserwirbeln und Tahiti-Kulisse. Volkstümliche Preise gehören nicht zu ihren Vorzügen. Die besseren unter den neuen Hallenbädern können bei schönem Wetter ihr Dach einfahren, oder wenigstens einen Teil davon. Aber für unseren Mann in den besten Jahren ist so etwas nur »technischer Firlefanz«. Erinnerungsfroh gehen seine Mundwinkel nach oben. Er hatte bei Deligny nach eigener Aussage einige der schönsten Stunden seines Lebens – »wenn auch nicht unbedingt im Wasser, Monsieur!«

Den aufs Trockene Gesetzten bietet Paris im Sommer andere Kompensationen. Die Stadt ist leer, es gibt wenig Termine, gut frequentiert sind allein die Café-Terrassen. Sogar das Autofahren wird vorübergehend zum Vergnügen. An den meisten Wohnstraßen ist das Parken während des ganzen Monats August gratis. Anders als auf den Autobahnen kommt man mitten in der Stadt meilenweit, ohne in einen einzigen Stau zu geraten. So weit muss man freilich oft, um eine *baguette* zu finden. Denn auch die Bäcker sind in Le Touquet oder im Gebirge. Flanierer genießen jetzt die Île Saint-Louis, den Pont Neuf, das Quartier Latin oder ihre sonstige Lieblingsstrecke relativ verkehrsberuhigt. Aber das Gewohnheits-*Bistrot*, die Qualitäts-*Brasserie* oder die Vertrauens-Weinstube, wo sie gern einkehren würden, haben zu. Sie sind nicht für ein Publikum gemacht, das zu dieser Jahreszeit exklusiv aus Touristen besteht.

Cherchez la femme

Die Académie Française und das weibliche Geschlecht

Was eine Frau ist, glaubt jeder zu wissen, schon gar jeder Franzose. Schließlich hat ein Deputierter in der Nationalversammlung bereits vor dem Ersten Weltkrieg zur Abwehr unguter Gleichmacherei den berühmten »kleinen Unterschied« zwischen den Geschlechtern hochleben lassen, aus dem die Literatur seit tausend, das Theater seit dreihundert und das Kino seit hundert Jahren Lorbeer und klingende Münze machen. Dennoch ergeben sich für Philologen Definitionsprobleme, weil im Französischen das Wort *homme* sowohl den Mann als auch den Menschen schlechthin bezeichnet. Was rechtes Französisch ist, bestimmt – gleichsam für die Ewigkeit – die Académie Française.

Für heute und morgen jedoch ist der kleine Larousse, das jährlich neu erscheinende Wörterbuch, wichtiger. Als der Diktionär in seiner jetzigen Form 1906 erstmals herauskam, schrieb er unter dem Stichwort *femme*: »Die Gefährtin des Mannes, die Gattin, diejenige, die verheiratet ist oder war.« Da die Betroffenen sich zusätzlich als Menschen fühlten, konnten die Herausgeber diese schlichte Notiz unverändert bis 1958 erhalten.

In der Auflage von 1959 war aus der Frau an erster Stelle, noch vor der klassischen Definition, ein »menschliches weibliches Wesen« geworden. Die

Erkenntnis, dass auch Frauen Bücher kaufen, möglicherweise mehr als Männer, trug weitere Früchte, denn in der jüngsten Ausgabe lautet der Eintrag: »ein menschliches Wesen weiblichen Geschlechts«. Ob das eine Verbesserung darstellt, kann man bezweifeln. Denn gleichzeitig wurde aus dem *homme*, der früher bloß »ein menschliches Wesen männlichen Geschlechts; der Mann oder die Frau« war, »ein Wesen, begabt mit Intelligenz und artikulierter Sprache«. Dass er außerdem »die menschliche Rasse im Allgemeinen« repräsentiert, folgt jetzt erst auf seine Einreihung zwischen aufrecht gehenden Primaten und anderen Säugetieren.

Es dauerte bis 1980, bevor die Académie mit Marguerite Yourcenar erstmals eine Frau in den exklusiven Kreis ihrer vierzig Mitglieder, der »Unsterblichen«, aufnahm. Und der Anfang 2009 verstorbene immerwährende Sekretär der Akademie, Maurice Druon, wehrte sich bis zum vorletzten Atemzug gegen die von den Sozialisten eingeführte Neuerung, weibliche Kabinettsmitglieder »Madame, la Ministre« statt wie bisher »Madame, le Ministre« zu nennen. Das grammatische Geschlecht ging ihm vor dem biologischen. Die meisten Franzosen haben sich in diesem Fall dem Zeitgeist, nicht der Académie gebeugt. Aber aus dem Anwaltstitel »Maître« ist für Advokatinnen dennoch nicht »Maîtresse« geworden. Und der Wachtposten bleibt »la sentinelle«, obwohl er meistens männlichen Geschlechts ist. Am praktischsten ist es bei der Liebe, *l´amour*, feminin im Singular, *les amours*, maskulin im Plural.

Monsieur de Paris hat ausgedient

Vom Verschwinden eines traditionsreichen Handwerks

Wenn er nach Hause kommt, fragt er die *concierge,* wie es deren Kindern geht, streicht ihnen übers Haar, wenn sie in der Nähe sind, und steigt dann die sechs Treppen zu seiner kleinen Wohnung empor. In seinem Viertel nahe der Porte de Saint-Cloud ist der Mann mit der aufrechten Haltung, dem dunklen Regenmantel und der Plastiktüte vom Supermarkt ein Anonymus unter Tausenden: sonnengebräunt vom Urlaub im Westen Frankreichs, vom Fischen, Jagen und von der Gartenarbeit ein rüstiger Achtziger mit Halbglatze und kantigem Gesicht. Viele seiner Kollegen in der Druckerei in Montrouge, wo er jahrzehntelang als Schriftsetzer arbeitete, fanden ihn einen »netten Kerl«. Andere wollten ihm nicht die Hand schütteln. Denn Marcel Chevalier ist Henker.

Wie wird man Scharfrichter? Marcel Chevalier lernte als junger Mann bei einem Ausflug in den Wald von Fontainebleau ein Mädchen kennen, ohne zunächst zu wissen, dass er die Nichte des Henkers vor sich hatte. Die Heirat mit ihr bedeutete zugleich den Einstieg in den Nebenberuf, denn das Gewerbe des staatlichen Exekutors ist in Frankreich traditionell Familiensache. Von 1689 bis 1847 gingen Axt und Fallbeil generationenweise jeweils von Sanson-Vater auf Sanson-Sohn über. Das Amt übernahm dann der Gehilfe des letzten Sanson, Joseph Heidenreich, der die Guillotine 1872 seinem Lehrling Nicolas Roch übergab. Nur sieben Jahre später begründete dessen Adlatus Louis Deibler die zweite Dynastie. Deibler jr. richtete von 1899 bis 1939 hin, sein Schwager Desfourneaux bis 1951 und dessen Neffe André Obrecht bis 1977, als die Nachfolge, diesmal in der weiblichen Linie, mit Marcel Chevalier bereits gesichert war.

Der jetzige »Monsieur de Paris«, wie der Henker im Volksmund mit diskretem Schauern genannt wird, hat – meist als Gehilfe – achtzehn Mal gerichtet, zuletzt 1977, als er den wegen Marterung und Strangulierung eines Mädchens verurteilten tunesischen Zuhälter Hamida Djandoubi ins Jenseits beförderte. Er würde es wieder tun, denn Chevalier ist, was nicht überrascht, Anhänger der Todesstrafe: »Solange es Mörder gibt!« In einem Interview trat er sogar dafür ein, die Hinrichtungen der größeren Abschreckung wegen wieder öffentlich vorzunehmen. Dies ist in Frankreich zuletzt 1939 geschehen, als man in Versailles einen Mörder deutscher Herkunft auf das Brett schnallte.

Insgesamt dreizehn Mal in hundertneunzig Jahren haben sich Pariser Parlamente geweigert, den Henker abzuschaffen. Wäre die Konstituante von 1791 diesen Weg gegangen, so hätte sich Frankreich zum Pionier der Humanisierung des Strafrechts gemacht. Doch erst 1981 wurde die Fünfte Republik das letzte Land Westeuropas, das die Todesstrafe aus dem Repertoire seiner Justiz strich. Victor Hugo nannte die Todesstrafe 1848 »das besondere und ewige Zeichen der Barbarei«. Der Sozialistenführer Jaurès befand 1908, sie stehe »im Widerspruch zum Geist des Christentums und zum Geist der Revolution«. Aber immer obsiegte jene Mehrheit, die Marcel Chevalier dessen Monatsgehalt von dreitausendsechshundertfünfzig Franc und vierzig Centimes bezahlte.

Selten war die Diskrepanz zwischen der Haltung der politischen Mandatsträger und der Stimmung in der Bevölkerung so groß. Eine Meinungsumfrage, die das seriöse Institut Sofres im Auftrag des konservativen *Figaro* vornahm, ergab, dass zweiundsechzig Prozent aller Franzosen nach wie vor für die Todesstrafe sind. Zur Ahndung besonders grausamer Verbrechen wollten sogar dreiundsiebzig Prozent die Guillotine wieder einführen. Die Anhänger der Todesstrafe finden sich in allen Parteien. Sogar die Wähler der Sozialisten erklären sich zu neunundfünfzig Prozent dafür. Für die Abschaffung unter allen Umständen und für alle Kategorien von Verbrechen sind nur fünfundzwanzig Prozent.

Ein allgemeines Gefühl der Unsicherheit, das sich wegen der auffälligen Gewaltkriminalität verbreitet, hat zum Stimmungswandel beigetragen. Zwar bleibt in Frankreich die Zahl der Tötungsdelikte mit etwa fünfhundert im Jahr konstant, aber es ist nicht mehr so sehr der betrogene Liebhaber, der zur Pistole greift, sondern eher der skrupellose Geiselnehmer oder die Banden der Kassenräuber. Der Volkszorn stieg besonders, als mehrere Mörder nach Verbüßung ihrer Strafe rückfällig wurden. Im südfranzösischen Albi stand wegen Sexualmords ein Mann vor Gericht, der bereits 1953 wegen eines gleichartigen Verbrechens lebenslänglich bekommen hatte und nach zwanzig Jahren begnadigt worden war. Ein anderer einschlägig Vorbestrafter erschoss nach sechzehn Jahren Haft zunächst bei einem Raub drei Kassiererinnen eines Supermarkts und dann aus Rache eine dreiköpfige Familie in einem einsamen Landhaus.

Von alters her besaßen Scharfrichter in Frankreich zwei Privilegien. Sie konnten nach Kenntnisnahme der Akten die Hinrichtung eines Verurteilten verweigern und durften ihren Nachfolger bestimmen. Marcel Chevalier hat niemanden mehr ernannt.

Noch Plätze frei

Streiflicht

Nirgends weht der Atem der Geschichte so fühlbar wie in der stillen Gruft, obwohl sich dort im platten physikalischen Sinn kein Lufthauch regt. Nichts macht sich im Fernsehen so gut wie eine politisch unumstrittene Totenehrung. Und keiner wusste das besser als François Mitterand, den sein erster Weg, als er sein hohes Amt antrat, ins Panthéon führte. Außer den Kameraleuten und den diskreten Helfern hinter den Säulen, die dem einsam schreitenden Staatschef eine jeweils neue Rose reichen mussten, war damals keiner dabei, während sich der Präsident vor dem Pazifisten Jaurès und dem Résistancehelden Jean Moulin verneigte. Symbolisch, wie er es gern hatte, schloss Mitterand den Kreis, indem er als beinahe letzte Amtshandlung die Atom-Pioniere Marie und Pierre Curie in die nationale Ruhmeshalle überführte.

Bis dahin war das Panthéon so etwas wie ein exklusiver Herren-Klub der toten Dichter und Denker. »Den großen Männern, das dankbare Vaterland« steht lapidar auf dem Giebel. Vor der womöglich noch schlimmeren Anklage, nichts als ein Tempel jener »toten weißen Männer« zu sein, die der Welt ihre verkorkste eurozentrische Zivilisation aufzwangen, war das Panthéon notdürftig durch den schwarzen Félix Eboué geschützt, der dort gleichberechtigt neben Voltaire und Rousseau liegen darf. Aber von Frauen war wirklich nicht die Rede, und dass man dem Hotel »Zu den großen Männern« vis-à-vis mündlich den Namenszusatz »und zu den kleinen Mädchen« verpasste, mag in der Belle Époque charmant gewesen sein. Gerecht war es nicht. Sogar nachdem mit großer Verspätung als erste Frau Marie Curie eingerückt war, blieb ein Schönheitsfehler. Sie bezog die Ruhestätte Nummer acht zusammen mit ihrem Mann.

Eigentlich war ja der ganze imposante Kuppelbau auf der höchsten Stelle von Paris einer Frau zugedacht, der heiligen Genoveva. Sie hatte einst beim Hunnen Attila die Schonung der Stadt erwirkt und wurde dadurch zur Schutzpatronin. Aber der Fortschritt Lesart 1789 hatte es nicht mit Heiligen oder ihren Kirchen und nicht sehr mit Feminismus. Wie schön wäre es, wenn der Atem der Geschichte, politisch korrekt, immer nur in einer Richtung wehte! Marie Curie hat zu Lebzeiten die Ehrenlegion verweigert und hätte, so sagt ihre Enkelin, wahrscheinlich nicht ins Panthéon gewollt. Die Reliquien der Genoveva liegen in einer alten Kirche nebenan – wo schon Pascal und Racine begraben wurden. Niemand fand, sie müssten zu den großen Männern umgebettet werden. Dafür kam der Revolutionär Marat hinein, flog aber nach dem Sturz der Jakobiner wieder hinaus. Die Mehrzahl von neunundsechzig großen Männern und zwei Frauen sind vergessene Berühmtheiten aus dem 19. Jahrhundert. Kein Ausländer ist darunter, kein Muslim, kein Minderheitenvertreter. Aber zweihundert Plätze sind noch frei.

Ehrenplatz für Marlene

Streiflicht

Auf den ersten Blick haben Marlene Dietrich und Konrad Adenauer wenig gemeinsam. Aber für Paris sind der Blaue Engel mit den verschleierten Augen und der Bundeskanzler mit den schmalen Lippen die einzigen Deutschen, die seit dem Zweiten Weltkrieg ein Straßenschild verdient haben. Neben der Place du Chancelier Adenauer gibt es jetzt eine Place Marlène Dietrich. »Amerikanische Schauspielerin und Sängerin deutscher Herkunft« – so wurde die Rolle ihres Lebens auf der Einladung des Pariser Bürgermeisters zur Enthüllungsfeier korrekt und elegant beschrieben. Dabei tut sich Frankreichs Hauptstadt leichter als Berlin, das zu Ehren seiner großen Tochter erst nach erheblichem Gezerre einen Teil des Potsdamer Platzes umbenannte. Paris kreiert einfach einen Platz, wo bisher drei Straßen namenlos aufeinanderstießen, eine davon sinnigerweise die Rue de Lübeck.

Im nahen Palais Galliéra, dem Museum der Mode, wurde gleichzeitig eine Ausstellung von Roben und anderen Reliquien der Diva eröffnet. Und bloß ein Katzensprung ist es zur Rue Goethe samt ZDF-Studio oder zum Goethe-Institut der Avenue Iéna, die eigentlich an Napoleons Siege in Deutschland erinnert. La Dietrich ist in feiner, aber kleiner Gesellschaft. Denn außer Gutenberg, Jean-Sébastien

Bach, Beethoven, Henri Heine und Humboldt hat es gerade ein halbes Dutzend Deutscher zu einer Pariser Straße gebracht. Schon zu Lebzeiten war Marlene eine Legende, und sie hatte nichts dagegen, wenn Freunde daran strickten. So war sie nicht aus Protest gegen Hitler nach Hollywood gegangen, sondern schon 1930, als Paramount ihr einen Sieben-Jahres-Vertrag bot, während die UFA sogar nach dem »Blauen Engel« nichts Schriftliches aus der Hand geben wollte.

Doch Abscheu gegen das Dritte Reich gab den Ausschlag dafür, dass der einzige deutsche Fixstern am internationalen Filmhimmel nicht mehr daheim scheinen wollte. Obwohl es auch Momente des Flackerns gab. »Marlene Dietrich hat in Paris in unserer Botschaft eine formelle Erklärung abgegeben«, so notierte Joseph Goebbels im November 1937 in sein Tagebuch, »mit Betonung, dass sie Deutsche sei und bleiben wolle. Sie soll auch bei Hilpert im Deutschen Theater auftreten. Ich werde sie nun in Schutz nehmen.« Am Ende wurde nichts daraus, obwohl der Reichspropagandaminister ihr zweihunderttausend Mark pro Film bei freier Wahl des Stoffes, des Produzenten und des Regisseurs offeriert hatte. Als ihre lange Karriere in Amerika zu Ende war, zog Marlene Dietrich nach Frankreich. Sie starb nur wenige Hundert Meter von der Adresse, die jetzt ihren Namen trägt. Marlene war gern in Paris. Nur begraben wollte sie dort nicht sein.

Platzkonzert – obligatorisch

Streiflicht

Wenn es wimmert und wummert, klingt und singt auf allen Straßen, dann weiß jeder in Frankreich, selbst wenn er keinen Kalender besäße, dass der Sommer begonnen hat: Es ist *Fête de la musique*. Denn es entspricht bester republikanischer Tradition, den Bürgern Gemeinschaftserlebnisse zu verschaffen – ob sie wollen oder nicht. Wie einstmals auf dem Marsfeld die Revolution zu feiern und zugleich das »Höchste Wesen«, wäre der multikulturellen Gesellschaft zu fad. Viel lieber ist es ihr, mit Pop und Rock, Rap und Folk, dazu einer geringen Dosis Klassik oder Jazz und ganz wenig urfranzösischer Musette den längsten Tag zu verlängern sowie die kürzeste Nacht noch kürzer zu machen. Und das alles mittels starker Lautsprecher. Wer lieber geschlafen hätte, ist selber schuld.

Am Anfang schien es eine hübsche Idee, Musik aus den Konzertsälen direkt ans Ohr von Hörerinnen und Hörern zu tragen. Inzwischen fällt immer mehr Leuten auf, dass sie eigentlich nicht zu wenig, sondern zu viel Musik haben: im *bistrot* und leider in vielen Restaurants, in Supermärkten und im Sportstudio, aus Radio, Fernseher und Computer, in öffentlichen Bedürfniskabinen und im Lift. Lästig klimpert es in den Warteschleifen von Telefonvermittlungen. Parkhäuser dämpfen die Angst vor

Überfällen durch akustisches Schmalz. Mit munteren Weisen trösten Vorortbahnhöfe die Murrenden über Verspätungen und Vandalismus hinweg. Ob zu Hause oder im Auto, Stereoanlagen liefern immer den gewünschten Surround Sound. Musik ist kein Fest mehr, sondern ein Konsumartikel, wenn nicht Humus für Ohrwürmer. Dass irgendwo Musikanten aufspielen, ist normalerweise nicht länger eine Attraktion. Verwaist wie die letzten Pissoirs stehen die gusseisernen Pavillons der Platzkonzerte von ehedem.

Einmal im Jahr sollte das anders sein. Doch das Interesse an der *Fête de la musique* lässt nach. Im Unterbewussten spukt der hier wenig bekannte Wilhelm Busch mit seiner Erkenntnis »Musik wird oft nicht schön gefunden, weil sie stets mit Geräusch verbunden.« Manchmal drückt nicht schlechtes Wetter die Stimmung, sondern Terrorismusängste. Im Pariser Regierungsviertel ließ der Polizeipräfekt kleine Hinweiszettel plakatieren – diskreterweise im Inneren der Häuser –, dass die Anwohner sich mit Personalpapieren versehen sollten, wenn sie während der Lustbarkeiten ausgehen wollten. Der Premierminister, auch sonst nicht als passionierter Konzertgänger bekannt, hat sein Büro schon am Vortag geräumt.

Die Logen leeren sich

Die »concierges« müssen der Anonymität weichen

Eigentlich müssten die *concierges* unter den Artenschutz gestellt werden, denn sie sind vom Aussterben bedroht. Alljährlich schaffen zweitausend Häuser in der Pariser Region ihre Hausmeisterin oder ihren Hausmeister ab: Allein im letzten Jahrzehnt hat Paris zehntausend *concierges* verloren und das ganze Land hunderttausend. Ein Teil Pariser Lebensart verschwindet mit den *concierges*, die Helfer in schwierigen Situationen, geübte Spitzel, Hausdrachen sowie Freund und Helfer der Polizei waren.

Die meisten Pariser Häuser öffnen sich längst mit einem Zifferncode. Sprechanlagen und Videokameras überwachen die wertvolleren Immobilien. Anonyme Reinigungsfirmen kümmern sich um die Sauberkeit. Aber kann ein Zifferncode die Parkgebühr für das abgestellte Auto bezahlen, wenn man nicht da ist? Gießt eine Sprechanlage während der Ferien die Blumen? Nimmt eine Videokamera eingeschriebene Briefe und Pakete an? Bei welchem anonymen Unternehmen beschwert man sich, wenn das Treppenhaus schmutzig ist oder die Beleuchtung nicht brennt?

Das Wort *concierge*, einst der Schlüsselbewahrer königlicher Paläste, kann männlich oder weiblich sein. In zwei Dritteln aller Fälle bedeutet es eine

Frau, konkreter in sechzig Prozent der Pariser Fälle eine Portugiesin. Sie sitzt in ihrer fünfzehn bis dreißig Quadratmeter großen Wohnung neben der Haustür, hat meistens eine Familie, aber fast immer einen kleinen, wachsam bellenden Hund: An der *concierge* selber können zur Not Bettler, Hausierer, Einbrecher geduckt vorbeischleichen, am Hund nicht.

Der Platz der *concierge* heißt *loge* – zu Recht, denn wie von einem Logenplatz kann sie alles überschauen. Die Beschließerin kennt die Mieter sowie ihre Gewohnheiten und ihren sozialen Umgang. Sie kennt sogar die Post und weiß, wer gerichtliche Mahnschreiben und Rechnungen kriegt, denn der Briefträger liefert die Post bei ihr ab.

In der Literatur tauchte ein *Conciergen*-Ehepaar, Monsieur et Madame Pipelet, erstmals im Jahr 1840 auf. Eugène Sue ließ die beiden in die »Geheimnisse von Paris« eingehen. Für Theater und Kino waren die *concierges* eine unerschöpfliche Quelle von Späßen oder Intrigen. Kommissar Maigret ließ sich gern von Hausmeisterinnen informieren. Auch andere Autoren von Kriminalromanen nutzten sie als Zeugin – oder entlarvten sie manchmal als Mörderin.

Viel Geld verdient eine *concierge* nicht. Bis vor wenigen Jahrzehnten erhielt sie außer freier Wohnung, zu der die Mitbenutzung der Toilette im Treppenhaus und oft ein Dienstmädchenzimmer im obersten Stock gehörte, gar kein Geld. Gegenwärtig liegt der Tariflohn bei zehn Euro in der Stunde, doch das ist Theorie. Denn die meisten Logen müssen von acht bis zwölf und von fünfzehn bis zwanzig Uhr besetzt sein, und so viele Stunden werden nicht honoriert. Die Schnur, die man zog, wenn man spät am Abend eingelassen werden wollte, und die Glocke, die zu Häupten der schlafenden *concierge* schellte, sind abgeschafft.

Es gibt *concierges*, die nicht mehr so heißen wollen, sondern sich lieber *gardien / gardienne* oder *régisseuse* nennen lassen. Doch an der sozialen Realität ändert das nichts.

Kurz vor Weihnachten aber beginnen sogar die grimmigsten und misstrauischsten *concierges*, die ihre Mieter elf Monate im Jahr wie Kriminelle mustern, zu lächeln. Die gute Laune hält bis über Neujahr, denn in dieser gesegneten Zeit erwarten die *concierges* ihre *etrenne*, ihr Weihnachtsgeld. Es kann in großen Miethäusern umgerechnet mehrere tausend Euro erreichen. Fast jeder bezahlt, obwohl niemand dazu verpflichtet ist. Wichtige Briefe könnten verspätet eintreffen, Besucher den falschen Bescheid erhalten, der Mieter sei ausgegangen. Kaum etwas ist so teuer wie die Kränkung einer *concierge*.

Pardon, wo ist das letzte »bistrot«?

Eine Institution stirbt

Jetzt sind es nur noch vierzigtausend. Vor einem knappen halben Jahrhundert, als Frankreich zweiundvierzig Millionen Einwohner hatte, konnten diese in zweihunderttausend *bistrots* einkehren. Noch vor zwanzig Jahren wurde an achtzigtausend Theken der Kleine Schwarze oder das obligate Ballonglas Rotwein ausgeschenkt, gar nicht zu reden von der Belle Époque vor dem Ersten Weltkrieg, als den Franzosen sechshunderttausend dieser Kommunikationszentren zur Verfügung standen. »Ohne Zweifel die solideste Institution Frankreichs, von keiner Revolution zu erschüttern«, nannte Léon-Paul Fargue in seinem »Spaziergänger durch Paris« die Cafés. Nun zählt Frankreich achtundfünfzig Millionen Konsumenten, aber die *bistrots* gehören auf die Liste gefährdeter Arten. Täglich sperren zwei von ihnen zu, in schlechten Jahren dreitausend.

Ein richtiges *bistrot* hat auszusehen wie ein Szenenentwurf für einen französischen Schwarz-Weiß-Film mit Jean Gabin. Die Gäste, die am *zinc* diskutieren oder an Marmortischen sitzen, rauchen schwarze Gauloises und tragen Baskenmützen. An der Kasse kann man Tabak und Briefmarken kaufen, Strafmandate für falsches Parken zahlen oder früher sogar die Autosteuer, Metro-Billetts erwerben, Toto und Lotto spielen oder auf Pferde setzen, Botschaften und Schlüssel für Freunde hinterlegen. Im Keller wacht *Madame Pipi* über Toilette und das nur noch selten benutzte Telefon.

Aber Jean Gabin ist tot. Die Leute haben sich an Farbfernsehen gewöhnt und trinken dazu Bier aus dem Supermarkt. Blonde Zigaretten aus amerikanischem Tabak lösen die schwarzen ab. Die Bar heißt noch *zinc*, ist aber öfters aus Plastik als aus Metall. Für einen billigen Imbiss gibt es immer mehr Verkaufsstände, die sich *Croissanterie*, *Sandwicherie* oder Pizzeria nennen. Die beiden Fachorgane der *Bistrot*-Wirte, *Le Limonadier* und die *License Quatre* – Letztere heißt nach der begehrten Genehmigung für den Ausschank alkoholischer Getränke – würden es nie zugeben: Aber bei McDonald's steht Frankreich an sechster Stelle unter weltweit neunundsiebzig Nationen. Und es gibt noch andere Fast-Food-Ketten.

»Die Wirte erleben nur, was sie verdienen«, sagte Jacques Melac, Inhaber eines der beliebtesten Wein-*Bistrots* von Paris zu *Le Monde*. »Sie sind selber schuld, weil alles schlechter geworden ist. Mit dem Service geht es an! Sie tauchen die Hälfte Ihres Croissants in den Kaffee, und die Tasse ist leer. Kaum dass Ihnen der Wirt ›Bonjour‹ sagt. Sind Sie noch nie weggeschickt worden, weil Sie telefonieren wollten, ohne etwas zu trinken? Und die Namen! Le Marigny, Le Marlboro, Le Relais, das bedeutet doch gar nichts, hat nichts von Geschichte und Vergangenheit. Man weiß nicht einmal wie der Wirt heißt, noch weniger wo er herkommt.«

In der Hauptstadt sind nur noch einige Tausend *bistrots* übrig. Theoretisch bedauern es die Franzosen, dass ihre Cafés eingehen. Bei Umfragen finden fast zwei Drittel der Befragten, das *bistrot* sei ein »unentbehrlicher Bestandteil des Lebens«. Gleichzeitig bekennen neunundvierzig Prozent, dass sie nie ein Kaffeehaus betreten. Drei Viertel rühmen dessen »Ruhe«; ihnen ist offenbar entgangen, dass die meisten *bistrots* Stereoanlagen mit Popmusik und Spielautomaten betreiben, ob es die Kunden wollen oder nicht. Der typische Gast ist männlichen Geschlechts und achtzehn bis vierunddreißig Jahre alt. Am meisten verabscheuen ältere Damen das *bistrot*. Sie finden es verraucht und nicht sauber genug.

Früher galt das Café an der Ecke als der »Salon der Armen«. Für sie ist Paris zu teuer geworden, und sie sind in Betonsilos der Vorstädte abgewandert, bei deren Planung niemand an die Gemeinschaftseinrichtung dachte. In der Provinz hatte einst auch der kleinste Ort mehr *bistrots* als Arbeitslose. Heute kann es für ein Dorf eine Katastrophe sein, wenn das letzte Lokal zusperrt. Im Zuge der Entvölkerung von weiten Teilen des Landes sind Geschäfte und Behörden aus vielen Orten bereits weggezogen. Damit nicht der einzige Treffpunkt verschwindet, betreiben manche Gemeinden ihr *bistrot* inzwischen in eigener Regie.

Einer Legende nach geht das Wort *bistrot* auf jene Kosaken zurück, die nach ihrem Sieg über Napoleon in die Schenken der Champs Elysées zu stürmen pflegten, mit der Faust auf den Tisch schlugen, etwas Unverständliches bestellten, und am Ende regelmäßig »Bistro, bistro« (schnell, schnell) schrien. Mit Exotik suchen sich auch jetzt einige Wirte über

Wasser zu halten. Sie trimmen ihre Lokale auf irisches Pub, bieten spanische Tapas an oder lassen ihre Gäste Karaoke singen.

Frankreich entblößt sein Haupt

Die Baskenmütze wird zur Seltenheit

Wann haben Sie zuletzt eine Baskenmütze gesehen? Ein Franzose würde wohl antworten: Auf einer englischen Frankreich-Karikatur oder auf dem Kopf eines deutschen Touristen. Das *béret*, das einst so sehr zum Schablonenbild des Franzosen gehörte wie die *baguette* (unter den Arm geklemmt), die Zigarette aus schwarzem Tabak (an der Oberlippe klebend) oder der rote Landwein (zu jeder Mahlzeit getrunken), ist am Aussterben. Nur noch sehr alte Männer, in sehr kleinen Orten, sehr weit von Paris tragen den nationalen Kopfschmuck.

»Wenn doppelt so viele Leute mit der Baskenmütze herumliefen, sähe man sie immer noch nicht«, klagt der Inhaber der größten von drei verbliebenen Herstellerfirmen, Bernard Fargues, in Oloron am Rand der Pyrenäen. Vor dem Krieg wurde in zweiunddreißig Werken gewirkt und gewalkt. So unentbehrlich war ihr Produkt, dass nicht einmal die Weltwirtschaftskrise ihnen etwas anhaben konnte: im Rekordjahr 1932 stellten sie dreiundzwanzig Millionen Baskenmützen her – mehr als es damals Franzosen männlichen Geschlechts gab. Sogar die amerikanische Olympia-Mannschaft zog 1936 in das Berliner Stadion unter Mützen aus Oloron ein. Heute machen die standhaften drei mit weniger als einer Million Baretts im Jahr nur noch wenige Millionen Euro Umsatz. Fargues selber geht, so fiel der Zeitung *Le Monde* auf, barhäuptig wie die meisten Franzosen.

Die Baskenmütze kommt gar nicht von den Basken, sondern aus der Landschaft Bearn. Die ist zwar vom Baskenland nicht weit entfernt, aber ethnisch und historisch doch etwas ganz anderes. Schäfer in den Pyrenäen scheinen den pfannkuchenartigen Wetterschutz im 15. Jahrhundert entwickelt zu haben. Den Rohstoff, Wolle, hatten sie im Überfluss. Zeit zum Stricken auch. Das Halbfabrikat wurde um das formgebende Hirtenknie modelliert und anschließend so lange in lauwarmem Seifenwasser geweicht und gewalkt, bis die Maschen sich zu einem festen Filz verbunden hatten. Basken wurden die besten – und schließlich namengebenden – Kunden.

Gäbe es nicht das Militär und das Ausland, es stünde noch schlechter um die wasserdichte Kopfbedeckung, die sich zusammenlegen und in die Tasche stecken lässt. Zu Zeiten, als Zivilisten noch bescheiden auftraten, trug der Soldat den prächtigen bunten Rock. Dem Bürger in Uniform wird dagegen ein sportlich-respektables Techniker-Image und mit ihm die Baskenmütze verpasst. Bei den französischen Alpenjägern, den Fallschirmtruppen, den Panzerfahrern ist sie fester Bestandteil der Montur. Die Streitkräfte kaufen zweihunderttausend Stück im Jahr. Bundeswehr und UNO-Truppen sind gleichfalls regelmäßige Abnehmer. Vor dem Golfkrieg bestellten auch die Iraker eine Million Mützen und trieben damit einen der Hersteller fast in die Pleite, denn die Ware konnte nie mehr geliefert werden.

»Will ich aussehen wie ein Statist in einem Film von René Clair? Lauf ich Reklame für einen Bal Musette?«, lauteten typische Antworten, die sich ein Reporter in der Pariser Metro bei jungen Leuten mit der Frage einhandelte, warum sie lieber Baseballkappen als Baskenmützen trügen. Natürlich gibt es längst keine Musette-Bälle mehr. Der Konsum von Landwein ist seit 1962 von hunderteinundzwanzig Liter auf fünfundvierzig Liter pro Kopf und Jahr gesunken, blonde Zigaretten sind in raschem Vormarsch, jede neunte Mahlzeit außer Haus wird in einem Schnellimbiss *à l'américaine* eingenommen, und der neue Bilderbuch-Franzose kauft alle sechzehn Monate Blue Jeans. Wenn schon Nostalgie oder Exotik, dann nicht Volksfront, Fahrrad und Baskenmütze, sondern Made in USA.

Doch es kommt noch schlimmer. Zwar geht jede dritte Pyrenäenmütze ins Ausland, aber vier von fünf der Baretts, die noch in Frankreich verkauft werden, sind Import aus China, Japan und Böhmen, billig, oft minderwertig, zum Glück von kurzer Lebensdauer. Die Asiaten beherrschen die Technik des Walkens nicht, heißt es in Oloron. »Ihr Tuch ist grob, zu weich, hat keinen schönen Körper«, zitiert *Le Monde* den Besitzer des Familienbetriebs Beighau, der schon in dritter Generation den Edelfilz hervorbringt. Walkt man zu lange, wird das Gewebe lappig. Walkt man zu kurz, bleibt es rau und kräuselt. Eine Baskenmütze für Kenner muss sich glatt und gleichmäßig anfühlen wie die Bespannung eines Billardtischs.

Für jene bedrohte Kennerrasse ist der dunkle Deckel mehr als Sonnendach und Regenschirm. Je nachdem, wie man die Baskenmütze auf dem Kopf zurechtzieht, drückt man Gesprächsbereitschaft aus, Verschlossenheit, Selbstgefühl, Zugehörigkeit, Lebensfreude. Träger von Lodenhüten mit Gamsbart werden das verstehen.

Brüchig wie ein schlechter Zahn

Der Montmartre soll vor Spekulanten und ungestümen Stadtplanern geschützt werden

Als Berg ist der Montmartre so berühmt wie das Matterhorn oder der Mount Everest. Für Touristen ist er leichter zugänglich: Vier Millionen erreichen ihn jährlich mit der Metro oder den Pariser Omnibussen, sechs Millionen betreten die Basilika Sacré-Cœur. Wie viele zu Fuß oder mit dem eigenen Auto kommen, ist unbekannt. An guten Tagen, so sagen die Geschäftsleute, fahren zusätzlich tausend Touristenbusse auf die *Butte*; an schlechten Tagen, so entgegnen die Einwohner, die über Lärm, zitternde Wände, Verkehrschaos und Abgase klagen.

Jetzt soll der Montmartre wenigstens vor Spekulanten oder gut gemeinten Projekten moderner Stadtentwicklung geschützt werden. Zwei andere Pariser Viertel, das Marais und das siebente *arrondissement* mit ihren Adelspalais, sind als erhaltenswert in ihrer Gesamtheit anerkannt – was den Einbruch von Beton und Sparkassenarchitektur auch nicht verhindern konnte. Für den Montmartre käme diese Klassifizierung nach Ansicht der Experten zu spät. Ein entsprechendes Verfahren, nach dem Gesetz von Kulturminister André Malraux 1970 für das siebente *arrondissement* in Gang gesetzt, wurde erst ein Vierteljahrhundert später abgeschlossen. Das Verfahren für das Marais, 1964 begonnen, läuft immer noch. Der Montmartre wird hoffentlich schneller seinen verbesserten Flächennutzungsplan erhalten, der seine kleinen Häuser, seine Ateliers, seine Gärten und seine Sozialstruktur erhält.

Vom Mons Martis, dem römischen Marsberg, wo der heilige Dionysius im dritten Jahrhundert gerichtet wurde, trug er sein Haupt noch zehn Kilometer nach Norden an die Stelle des heutigen Saint-Denis. Die Pariser entdeckten im 19. Jahrhundert, dass man sich auf dem Märtyrerberg auch amüsieren konnte. Der hundertdreißig Meter hohe Hügel gehörte noch nicht zur Stadt. Die Lokalsteuer, der *octroi*, galt dort nicht. Der Wein war billiger. Einige der Schenken, in denen man trank, den Sängern zuhörte und tanzte, existieren noch – als Touristenfallen. Andere wurden zu Bauobjekten: Der Moulin de la Galette verwandelte sich während der siebziger Jahre in ein teures Appartementhaus.

Fast alles, was Fremde interessiert, spielt sich auf der Spitze des Hügels, einer Fläche von nur sechs Hektar, ab, eigentlich auf noch weniger, denn die Straßen machen ganze zwei Hektar aus. Auf die Idee, dass die Place du Tertre »eine graue versponnene Waldlichtung« sein könnte, die einen Traum in urzeitlichem Violett träumt, wäre der Schriftsteller Alfred Andersch ein halbes Jahrhundert später kaum mehr gekommen. Sie ist frisch gepflastert und hat neue, noch magere Bäumchen erhalten. Fast dreihundert Maler mit städtischer Lizenz (Mindestalter achtzehn Jahre, Berufsnachweis, sauberes Führungszeugnis) fischen vor überfüllten Restaurant-Terrassen im Touristenstrom.

Eigentlich müssten sie ihre Genre-Bildchen an

Ort und Stelle malen, aber viele verkaufen nur Meterware mit Montmartre-Gassen, oft mit falscher Perspektive, damit auch der Eiffelturm, das Moulin Rouge und Notre-Dame zu sehen sind. Ganz Verworfene benutzen Staffelei und Pinsel nur als Dekoration, setzen aber fernöstliche Billigproduktion ab. Der große Inspirator ist Maurice Utrillo, zu Recht, denn als Einziger außer Toulouse-Lautrec malte er Montmartre-Sujets. Die anderen Großen von Manet bis Picasso arbeiteten nur auf dem Hügel, weil die Mieten niedrig oder die Freunde schon dort waren.

Im Untergrund ist der Montmartre brüchig wie ein schlechter Zahn. Rund zweieinhalb Millionen Kubikmeter gipshaltigen Stein hat man im Lauf der Jahrhunderte aus Stollen, Löchern und Galerien gegraben. Die tiefsten davon liegen siebenundzwanzig Meter unter Tage. Manchmal senkt sich ein Trottoir oder ein Keller, wenn in der Tiefe alte Höhlen einstürzen. Das Bauen ist rentabel, aber schwierig. Neue Gebäude werden auf unterirdische Betonpfeiler gesetzt.

Die Leute vom Montmartre waren immer rebellisch. Sie nennen sich »Freie Gemeinde«, »Republik«, sind stolz auf den letzten Weinberg von Paris und bringen mehr Bürgerinitiativen hervor als andere skeptische Pariser. Wiederholt ist es ihnen gelungen, den Bau einer unterirdischen Garage zu verhindern, der eine ihrer Grünflächen gefährdet hätte. Die Stadt gab nach. Immerhin hat die Pariser Kommune, die 1871 das Rathaus niederbrannte, mit einem Aufstand des Montmartre angefangen.

Wenn Toulouse-Lautrec das noch erlebt hätte!

In die Jahre gekommene Verruchtheit

Wenn Toulouse-Lautrec das noch erlebt hätte! Das Touristen-Menü zu hundertfünfzig bis hundertachtzig Euro, eine halbe Flasche Champagner, Steuern und Bedienung eingeschlossen; die Porno-Meile um die Place Pigalle; den Gala-Cancan im zweiten Jahrhundert seines Moulin Rouge, bei dem die Mädchen das Bein zugunsten einer so ehrbaren Sache wie – laut stolzer Ankündigung – die Menschenrechte heben, und nicht mehr bloß, weil sie wie einst »die Ausschweifung zur Profession gemacht« haben. Die kraftstrotzend-ordinäre »la Goulue«, mit bürgerlichem Namen Louise Weber, der biegsame Valentin le Désossé, die zarte Jane Avril, der ganze kurzweilig-kurzlebige, amoralische und anarchische Montmartre der Belle Époque – sie hätten den malenden Zwerg aus Königsgeschlecht noch stärker fasziniert.

Für Verruchtheit, die in die Jahre kommt und zur Institution wird, ist es nicht einfach, mit der eigenen Legende Schritt zu halten. Kein Tummelplatz zwischen Tanger und Tahiti, der nicht sein schummriges Moulin Rouge hätte: *demi-monde* für die ganze Welt. Als das Original am 6. Oktober 1889 eröffnete, versammelte sich der Adel des Blutes, des Geldes und des Unterrocks. Toulouse-Lautrec trank dreimal, viermal in der Woche Absinth und malte wie besessen. Die junge Colette sorgte für einen Skandal, weil sie mit ihrer Geliebten Missy eine anstößige Nummer aufführte. Ein schüchterner Anfänger namens Jean Gabin deklamierte neben der Mistinguett kleine Sketches. Und noch immer zeigt das Moulin Rouge mit Strass und Straußenfedern, Fantasie und Technik, dass es auf Erden Besseres gibt als Peepshows und Topless Bars. Was können die Tanzmädchen und Artisten dafür, dass der berühmte Wanderer durch Paris, Léon-Paul Fargue, schon 1938 über den heruntergekommenen Montmartre schreiben musste: »Bald werden wir Hundertjahrfeiern veranstalten müssen, um die Pariser an diese verschwindenden Quartiere zu erinnern. Der Boden der Cabaret-Sänger und Karikaturisten verkümmert; er bringt nur noch Zuhälter und Spießer hervor.«

Eigentlich ist das Moulin Rouge viel jünger. Denn 1915 brannte es aus und blieb zehn Jahre geschlossen. Von 1930 bis 1951 wurde es sogar zum Kino degradiert. Toulouse-Lautrec war schon beinahe tot, als man 1900 – noch dazu nach dem Vorbild des Berliner Wintergartens – das Diner zum Spektakel einführte, und die zur Alkoholikerin gewordene Goulue war entlassen, denn sie hatte dem Prince of Wales mit ihrem Stöckelschuh den Zylinder vom Kopf gestoßen. Zur Jahrhundertfeier hatte man, wie es die Public-Relations-Leute nennen, »internationalen Jetset« geladen: Esther Williams und Charles Trenet waren noch dabei, Ella Fitzgerald und Ray Charles, Dorothy Lamour, Jane Russell und Lauren Bacall. Große Namen aus dem Jetset, von denen manche auch schon mit dem Propeller geflogen sind.

Auf der Suche nach der verlorenen Lust

Die Sphinx im Freudenhaus

Er werde einen guten Preis machen, verspricht der Besitzer. Vor ihm stehen ein Schwarzer mit einem Plastikhut und eine weiße Frau, heftig geschminkt, nicht mehr ganz jung. Sie überlegen. »Einen guten Preis«, beschwört der Patron in einem Französisch, das nach Nordafrika klingt. Zu ihm kommen viele, wenn auch nicht mehr lange und vor allem nicht aus Gründen, für welche die Adresse einst bekannt war. Denn schon wieder wird zugesperrt. »Völlige Liquidation vor Schließung«, verkünden bunte Plakate auf den verzinkten Rollläden, von denen zwei schon heruntergelassen sind. Links und rechts der Tür stehen auf dem Trottoir Stapel bunter Metallkoffer. Es gibt auch Stoffe, Hausrat und Kleidung zum halben Preis.

Noch gegen Ende des letzten Jahrhunderts tat im Haus Nummer 106 am Boulevard de la Chapelle die Heilsarmee ihre guten Werke. Danach übernahm die Stadt Paris das Haus auf Abbruch. Bis zur ersten Schließung im Nachkriegsjahr 1946 war hier ein Bordell. Nach einer heftigen Redeschlacht hatte die Nationalversammlung am 13. April jenes Jahres entschieden, dass es in Frankreich hinfort keine öffentlichen Häuser mehr geben soll. Den hundertsiebenundsiebzig *maisons de tolérance* der Hauptstadt sowie den dreizehnhundert im Rest des Landes wurde eine Frist von sechs Monaten eingeräumt. Vor sechzig Jahren war alles vorbei. Jubiläen, die keiner feiert. Dabei gehörten solche Häuser einmal so fest zur bürgerlichen Welt Frankreichs wie laizistische Volksschule, Wehrpflicht oder die Institutionen der Dritten Republik. »Mein lieber, kleiner Großvater«, schrieb der siebzehnjährige Marcel Proust, »ich bitte Dich um Deine Freundlichkeit.« Er bat außerdem um zehn Francs. Die hatte ihm zwar schon sein Vater gegeben, damit er ein Bordell aufsuchen konnte. Doch er war zu aufgeregt, um sich dort anders als finanziell zu erleichtern. »Ich wage nicht, Papa schon wieder um Geld zu bitten, und ich hoffe, dass Du mir in dieser Lage zu Hilfe kommst.« Ursprünglich wollte sich Proust an einen »Monsieur Nathan« wenden. »Aber der Mama ist es lieber, wenn ich Dich frage.« Der Brief ist erhalten.

Es war die Welt, in der Priester Soutanen trugen, Herren sich duellierten, Verbrecher in Ketten nach Cayenne verschickt wurden und ehrbare Frauen Krisen meisterten, indem sie dekorativ in Ohnmacht fielen. Männliche Fantasien konnten sich in der Armee verwirklichen, die jeden Herbst ins Große Manöver zog, in den Kolonien – und bei den nicht ehrbaren Frauen. Die Moral blieb gewahrt, weil auch die doppelte Moral so gut funktionierte.

»Das Chabanais? Was meinen Sie damit?«, fragt der Mann am Empfang des Hauses Nummer 12 in der gleichnamigen Straße. Er ist nur Urlaubsvertreter und weiß nicht, welche Erinnerungen er verwaltet. »Das Chabanais? Natürlich!«, sagt ein Stammgast des *bistrots* schräg gegenüber der Nationalbibliothek. Er tritt auf die Straße, um den Weg zu weisen. »Aber es ist nichts davon erhalten. Sie haben damals alles herausgerissen. Schade. Heute stünde es unter Denkmalschutz.«

Das Chabanais war das berühmteste Luxus-Puff von Paris, wahrscheinlich der Welt. Es wurde 1878 für die damals horrende Summe von 1,7 Millionen Francs eingerichtet, mit wohlwollender Unterstützung des Jockey Clubs, des exklusivsten Zirkels im Lande. Mehrere Mitglieder hatten enge Beziehungen zu »Miss Kelly«, der ersten Betreiberin. Minister, Botschafter, Aristokraten und Nabobs aus aller Welt verkehrten hier gerne.

In der Halle stand angeschrieben »House of all Nations«. Es gab ein japanisches Zimmer, das zuvor auf der Weltausstellung einen Preis gewonnen hatte, einen Salon Louis XVI., ein indisches, ein pompejanisches und ein maurisches Kabinett. Letzteres ließ sich der Dichter Guy de Maupassant in seiner Villa am Meer nachbauen, um es während der Ferien nicht entbehren zu müssen.

Der Prince of Wales, der spätere König Edward VII., hatte im Chabanais einen Privatsalon mit seinem Wappen am Himmelbett. Es dürfte die wahre Grundlage der Entente cordiale, des späteren Bündnisses zwischen Britannien und Frankreich gewesen sein. Im Übrigen hatte der Raum nichts Viktorianisches. Es gab ein kurioses Sitzgerät, über das viel spekuliert wurde und das den Thronfolger von mehreren Seiten zugänglich machte. Es gab auch eine große Wanne aus rotem Kupfer mit einem Schwan als Galionsfigur. Der Prinz ließ sie mit Champagner füllen, um darin mit seinen Gespielinnen zu baden. Als die Einrichtung des Chabanais nach der Schließung versteigert wurde, erwarb Salvador Dalì die Wanne für hundertzwölftausend Francs. Was weiter aus ihr wurde, ist nicht übermittelt. Die Protokollabteilung des Elysée nahm das Chabanais ins Besuchsprogramm ausländischer Staatsgäste auf. Neben einem Gala-Abend in der Oper oder einem Empfang im Rathaus figurierte es unter dem Tarnnamen »Visite beim Präsidenten des Senats«. Dieser soll sehr überrascht gewesen sein, als ihn eine luxemburgische Prinzessin tatsächlich aufsuchte. Das siebenbändige Larousse-Lexikon von 1906 widmete dem Chabanais einen Artikel. Seit den zwanziger Jahren konnte das Haus gegen Trinkgeld auch von Familien besichtigt werden. In den übrigen Räumen ging das Geschäft weiter.

Auffallend viele Japaner schreiten suchend die Straße ab. In ihrem Reiseführer ist ein Nebenhaus mit roter Laterne verzeichnet, das Restaurant Hokkaido. Auf Nummer 4 will die Bar Le César mit unzulänglichen Mitteln den Geist des Ortes beschwören. Derzeit machen die barbusigen Hostessen Ferien. Im September, so verspricht ein Zettel, kommen sie »schön und gebräunt« zurück. Im Chabanais selbst ist nichts Einschlägiges mehr los, obwohl sich im Hauptgeschoss ausgerechnet eine Agentur für Hostessen und Sekretärinnen niedergelassen hat. Doch der Schein trügt. Die Angestellten arbeiten mit Akten und Computern und nur zu Bürozeiten.

Bei Umfragen wären achtundsechzig Prozent der Franzosen dafür, wieder Bordelle zuzulassen. Denn die Prostitution ist nicht verringert, sondern nur unkontrollierbar geworden. Zwischen vierhundert und sechshundert »Begegnungs-Klubs« sind in der Hauptstadt aktiv. Die schäbigen machen in Anzeigeblättern Reklame; bessere Adressen, die einen Hauch von verruchtem Luxus verheißen, werden unter der Hand weitergereicht. Auch die Vermittlung von Sexkontakten über Telefon und Internet floriert. Rund tausend Verfahren wegen Zuhälterei werden alljährlich eingeleitet. Paris hat in Europa den höchsten Anteil an HIV-Positiven.

Die blonde Vera heißt nicht Vera und ist auch nicht wirklich blond. Eine sogenannte Heiratsagentur, die sie aus Moskau holte, schärfte ihr als Erstes ein, dass die Klienten keine dunkelhaarigen Russinnen wollen. Vera wurde vermietet und sah wenig Geld, bis sie der Organisation entfloh, mit abgelaufenem Visum herumirrte und in der Metro übernachtete. Durch eine Freundin geriet sie an einen anderen, teuren Callgirl-Ring, der ihr ein Drittel der Honorare abnimmt. Nach Spesen kommt sie heute auf fünftausend Euro im Monat. Wenn alles gut geht, möchte Vera in einem Jahr wieder ihren wirklichen Namen tragen und eine Boutique in Moskau haben.

Muna sitzt auf einer Café-Terrasse an den Champs Elysées, trinkt ein Glas Tee und raucht. Als sie das piepende Handy aus ihrer Handtasche nimmt, erkennt sie die Stimme von Madame Leila. Muna kam ursprünglich mit einem schmalen marokkanischen Stipendium nach Frankreich. Jetzt ist sie eine von dreißig Nummern in Leilas Notizbuch. Sie notiert ihren Abendtermin. Die letzte Verabredung absolvierte Muna zusammen mit anderen Mädchen in der Pariser Residenz eines saudischen Geschäftsmanns, der für einen Golden Boy aus Riad eine Abschiedsparty gab. Die Nacht brachte Muna tausend Euro und ein solides Schmuckstück. Eigentlich hatte es ihr Kurzzeit-Gefährte seiner Frau zugedacht.

Am industriellen nördlichen Teil des Ringboulevards, der nach Napoleons Marschall Ney benannt ist, lädt ein Kleinbus spät am Abend sechs Straßenmädchen aus. Sie sind zwischen siebzehn und zweiundzwanzig, alle schmächtig, alle drogensüchtig wie ihre Zuhälter, die sie von Weitem beobachten. Hier sind die Tarife niedrig, zwanzig bis fünfzig Euro, aber die Risiken hoch. Für die billigen Mädchen ist es keine schöne Zeit. Doch das war für ihresgleichen auch die Belle Époque nicht.

Nach keiner von ihnen hätte Martholdi seine Freiheitsstatue modelliert, er holte sich dafür »Grande Céline« aus einem Haus in der Nähe der École Militaire. Sie wären nicht unter den »Demoiselles von Avignon« gewesen, die Picasso im Grand 5 malte. Und kein van Gogh hätte einer von ihnen am Weihnachtsabend sein frisch abgeschnittenes Ohr ins »Lupanar von Arles« geschickt.

Toulouse-Lautrec nannten die Mädchen in der Nummer 6 der Rue des Moulins wegen seiner verkrüppelten Gestalt »Kaffeekanne«. Er bezog dort, nur einen Sprung vom Chabanais, zeitweilig Wohnung. Auch in einem Bordell in der Rue d'Amboise hatte er gehaust. Von seinen Werken tragen siebenundsechzig den Vermerk »gezeichnet (oder gemalt) in einem geschlossenen Haus«. An der Stelle seines »Salon de la rue des Moulins« arbeitet heute hinter Scherengitter und Milchglasscheibe ein Zahnarzt.

Hinter einer Fassade aus den zwanziger Jahren führt in der Nummer 50 der Rue Saint-Georges eine lange Treppe mit rotem Läufer zum ersten Stock empor. Es heißt, der Reichsmarschall Hermann Göring sei in den hohen Räumen des Erdgeschosses geblieben. Das ganze Viertel wurde abgesperrt, wenn er kam. In der Pariser Hauptsynagoge zwei Querstraßen abwärts herrschte derweil Angst. Auch jetzt werden das Israelitische Konsistorium, gleichfalls in der Rue Saint-Georges, und die Synagoge um die Ecke streng bewacht. Die Posten der kasernierten Polizei CRS tragen stets schussbereite Maschinenpistolen und stecken in kugelsicheren Westen.

Das St.-Georges war von den Deutschen als Offiziersbordell requiriert, genau wie das Chabanais oder das Haus in der Rue des Moulins. Ein zeitgenössisches Merkblatt für die Benutzer nennt neben der Adresse jeweils die Metrostation und die nächste Sanierstelle für Geschlechtskrankheiten. Dass die Puffwirte und ihre Verwalterinnen – die ausführende Macht lag immer in den Händen einer Frau – mit der Besatzung kollaboriert hätten, war ein wirksames Argument für die Schließung.

Dennoch, ohne Marthe Richard wäre es dazu wahrscheinlich nie gekommen. »La veuve qui clôt« (die Witwe, die zusperrt) – so wurde sie unter Anspielung auf die bekannte Champagnermarke genannt – war eine farbige Figur. Vor 1914 war sie eine der ersten fünf Pilotinnen Frankreichs. Während des Krieges wurde sie Agentin des französischen Geheimdienstes und in dessen Auftrag Geliebte des Chefs des deutschen Marine-Nachrichtendienstes in Spanien. In einem Film aus den dreißiger Jahren idealisierte Edwige Feuillère diese Episode. Den *Boche* spielte Erich von Stroheim.

Als populäre Stadträtin von Paris führte Marthe Richard unmittelbar nach dem Zweiten Weltkrieg die Kampagne gegen die Bordelle. Was als Stadtverordnung gedacht war, wurde mit Unterstützung der Kommunisten und Sozialisten in der Nationalversammlung zum Gesetz. Marthe Richard setzte ferner durch, dass die Dirnen-Karteien der Sittenpolizei vernichtet wurden. Die Erben von Fouché, des gefürchteten Polizeiministers von Napoleon, führen solche Befehle zwar aus – aber nicht ohne vorher Kopien zu machen. So konnten die Feinde der Witwe leicht herausfinden, dass die geborene Marthe Betenfeld, lange bevor sie die Freudenhäuser abschaffte, selber anschaffen gegangen war. In Nancy war sie von 1905 bis 1907 unter der Nummer 640 als Prostituierte registriert. Ein Spezialist für dieses Thema, Alphonse Boudard, weist in seinem Buch »La fermeture« nach, dass Marthe zehn Monate des Jahres 1906 wegen ansteckender Krankheit zwangsweise im Spital verbrachte. Als Marthe Richard in ihr letztes Gefecht zog, war das Penicillin erfunden und die Französinnen hatten gerade das Stimmrecht erhalten.

»Sind die Damen nicht mehr da?«, fragte vorsichtig ein älterer Herr im Büro der Berufsvereinigung der französischen Gerberindustrie. Aber das ist auch schon etwas her. Er suchte an dieser Stelle noch das One-Two-Two. Fernandel und Jean Gabin waren dort bekannt, Sacha Guitry und Tino Rossi, Cary Grant und Humphrey Bogart, der Maharadscha von Kapurthala und König Leopold von Belgien, der wegen seiner Schwäche für eine Pensionärin Cleopold genannt wurde. Da man ins One-

Two-Two, wenn man wollte, nur zum Essen gehen konnte, kamen auch Frauen, die etwas Halbweltluft atmen mochten, die Mistinguett und Marlene Dietrich, Martine Carol und Katharine Hepburn. Michel Simon hatte jahrelang ein Zimmer und gab »122 rue de Provence« als seine Adresse an. Wer ihn engagieren wollte, fand ihn hier. Der Hausbesitzer fuhr im letzten Vorkriegsjahr einen der beiden Cadillacs, die es in Paris gab.

Ahnungslos hat sich als neuer Nachbar des alten One-Two-Two mit glitzerndem Marmor und Glas die iranische Bank Tejarat angesiedelt: koranische Segensformeln im Schaufenster, Ayatollah-Porträts in der Halle. Schon der Verein der Bordellwirte (l'Amicale des Maîtres d'hôtels meublés de France et des Colonies) hatte eine hübsche Adresse. Rue Notre-Dame de Nazareth. Der Zufall macht seine Sache nicht schlecht. Das Haus Nummer 9, Rue Navarin, bediente hinter seiner strengen neogotischen Fassade Masochisten. Aber es war nicht billig, in dieser Kapelle durch Leiden selig zu werden. Hoch oben in einem verglasten Anbau der Nummer 10 in der Rue des Martyrs stehen verblichene Riesenfiguren eines Karnevals von ehedem. Ein Präsident des Senats starb hier leibhaftig, als das Haus noch den Freuden gewidmet war. In solchen Fällen genügte ein Anruf bei der Polizei. Honoratioren wurden unauffällig abgeholt, damit der Arzt anderswo Herzversagen konstatieren konnte.

Um einige Stammkunden des Sphinx zu besuchen, genügt es, quer über den Boulevard Edgar Quinet zum Montparnasse-Friedhof zu gehen. Die Spuren anderer verlieren sich überall auf der Welt.

Gabriele d'Annunzio und Graf Ciano, der Schwiegersohn und Außenminister Mussolinis, waren darunter, die Hollywoodstars Gary Cooper und Errol Flynn, die Literaten Ernest Hemingway und Erich-Maria Remarque. Im Morgengrauen nach einer fröhlichen Nacht gingen Madame Martoune, ihre Mädchen und die Gäste gelegentlich zum nahen Boulevard Arago, um sich eine Hinrichtung durch die Guillotine anzusehen. Dann aßen sie zusammen in den Hallen Zwiebelsuppe. Rechte Zeitungen behaupten hartnäckig, dass Albert Sarraut, Premierminister in der Dritten Republik, am luxuriösen Sphinx finanziell beteiligt gewesen sei. Das Art-déco-Gebäude wurde nach der Schließung abgerissen und durch einen Neubau ersetzt.

Manchmal war es nur ein Schritt zur Sünde und nur ein Schritt zurück zur Absolution. Über dem Seitenportal der Kirche Saint-Sulpice weisen zwei steinerne Heilige auf das Haus schräg gegenüber, vormals Miss Beety. Die Hausnummer 36 besteht nicht aus dem üblichen blauen Schild aus Emaille, sondern aus einem großen Goldmosaik auf blauem Grund, die Ziffern frankiert von Zweigen eines Lebensbaums.

Solche Signale hatten Bordelle gern. Es ist verbürgt, dass Kleriker diesen Weg beschritten, verkleidet oder die Soutane unter dem Regenmantel hochgerafft. Verirrte Schafe konnten auch ins Haus Nummer 15 der Rue Saint-Sulpice gehen. Es war mit seinen Gängen so diskret angelegt, dass sie keinem bekannten Gesicht zu begegnen brauchten. Nun sind dort Wohnungen und ein Geschäft für antike Spiegel.

Alles stocksolide. Es gibt keine Sünde mehr, wenig Bedarf für Vergebung und gar keine Bordelle.

Eine schöne Hülle, warum nicht?

Die Memoiren der Brigitte Bardot

In der französischen Zeitgeschichte gibt es »les trente glorieuses«, die ruhmreichen dreißig Jahre. Man kannte damals keine Arbeitslosen, regelmäßig stiegen die Einkommen. Die Studenten, denen künftige Arbeitgeber bis in die Hörsäle nachliefen, langweilten sich am Ende so sehr, dass sie 1968 die Revolution probierten. Frankreich wurde in jenen Jahrzehnten von einem Agrarland zu einer modernen Industrienation mit Atombomben, Überschallflugzeugen und Badezimmern. Und es gab B. B., von der General de Gaulle einmal sagte, sie bringe dem Land mehr Devisen ein als der Autokonzern Renault.

Genau in dem Augenblick, da die dreißig Ruhmreichen 1974 mit dem ersten Erdölschock zu Ende gingen, nahm Brigitte Bardot Abschied vom Film. Ein ursächlicher Zusammenhang bestand nicht, aber als Symbol einer Epoche hat man ein Flair dafür, wenn sie vorüber ist. In ihren Memoiren beschreibt sie diese Zeit, obwohl sie das Kino – »all diesen Zirkus«, wie sie jetzt sagt – eigentlich nie mochte. Sie ist seit fünfundzwanzig Jahren kein einziges Mal mehr im Kino gewesen, und mit dem Videorekorder mag sie nicht umgehen. Ihre Erinnerungen hat sie ganz allein zu Papier gebracht, tausendfünfhundert Seiten in großer runder Handschrift, fast ohne

Verbesserungen. Einen *nègre*, wie es auf Französisch heißt, einen professionellen Formulierungshelfer, brauchte B. B. nicht. Sie schrieb einundzwanzig Jahre an ihrem Werk, natürlich mit Pausen, die manchmal drei, manchmal fünf Jahre dauerten. Meistens arbeitete sie bei Nacht, um Ruhe zu haben. Wenn das Gedächtnis für Einzelheiten sie im Stich ließ, brachte sie gern das Ambiente von ehedem mit den Gerüchen, den Düften zurück, die damals um sie wehten.

Da sitzt Brigitte auf dem Sofa, adrett, fröhlich, schlagfertig, auf dem Haupt die berühmte Sauerkrautfrisur, inzwischen grau meliert, und mit lächelnden Augen. Ihre Haut ist einen Sommer zu viel in der Sonne gewesen, aber sonst ist ihr das Altern nicht schlecht bekommen. Von Lifting oder ähnlichen Mätzchen hält sie nichts. Sie hat sich soeben im engen Trikot und in der gleichen Pose fotografieren lassen wie zur Zeit ihrer Glorie: Die Silhouette ist unverändert. Und man sitzt neben ihr mit der leicht wehmütigen Freude an einer Situation, die mancher Mann sich früher gewünscht hätte. »Mein kleines Stachelschweinchen«, sagt B. B. Es sind die drei einzigen Wörter Deutsch, die sie in ihren Jahren mit Gunther Sachs gelernt hat. Für mich sind sie nicht bestimmt, so wie sie damals nicht für ihn bestimmt waren. Auch er hat Brigitte nicht so genannt. Irgendjemand brachte ihr die Wendung bei, um Sachs zu ärgern. Einmal fällt ihr Blick auf meine Krawatte, die Jagdhunde in heraldisch stilisierten Formen zeigt. Und für einen Augenblick ergreift Brigitte Bardot meine Hand. Denn schon lange interessieren Tiere sie mehr als Menschen.

»Wie sah mein Leben denn aus? Eine einzige Abfolge von Skandalen, Liebhabern und Filmen«, steht auf Seite 452 der deutschen Ausgabe der Memoiren. Wer mit diesem Fazit zufrieden ist, braucht weder davor noch danach zu lesen. Das Buch besteht, immer streng chronologisch, in der Darstellung des unmittelbaren, persönlichen Gesichtskreises: die Geburtsanzeige, die ihre Eltern verschickten, die Familie, Kindermädchen, Dienstboten, Kleinmädchenkummer über Kaninchenragout oder Hammelhirn, Sorgen mit der Schule und erste Balletterfolge, Selbstmordversuche, theatralische wie echte, bekannte und unbekannte Stationen der Karriere. Dazwischen bekennt B. B., wie sie wirklich ist, wie sie sein möchte oder wie sie gesehen werden will: »In meinem tiefsten Inneren war ich wild, zerbrechlich, schüchtern, äußerst sensibel, treu oder wenigstens bestrebt, es zu sein, doch vor allem verletzlich.« »Dabei«, sagt sie, »bin ich nie Schauspielerin gewesen. Entweder war mir der Text gleichgültig, und ich spulte ihn einfach ab, wie's gerade kam, oder ich ging vollkommen auf in dem, was ich spielte, wagte mich sogar bis an die Grenze der Selbstzerstörung, immer in dem Glauben, es gehe ums Ganze. Ich bin nie in die Haut einer Person geschlüpft, sondern habe die Filmfiguren immer in mich hineinversetzt. Das ist ein großer, bedeutender Unterschied!« Von Natur aus sei sie schamhaft. »Wenn ich meinen Körper in Filmen entblößte, so war es stets durch die Handlung gerechtfertigt. Ich zeigte mit meinem Körper nur eine schöne Hülle, warum nicht?«

B. B. mag keine Massen, keine Journalisten (»nichtsnutzige Schmierfinken«, »die Hunnen des zwanzigsten Jahrhunderts«, »die Geißel Gottes«), nicht Alain Delon, nicht Catherine Deneuve oder Jeanne Moreau, mit der zusammen sie in Mexiko »Viva Maria« drehte. Jean-Luc Godard gehört für sie zur »Sorte schmutziger Intellektueller, die mit der Linken liebäugeln«. Die politische Klasse Frankreichs macht sie dafür verantwortlich, dass das Land erstickt. Auf ihrer Negativliste stehen – neben vielem anderen – afrikanische Kunst, ägyptische Kunst, die Jagd, der Krieg, Tod überhaupt, Mutterschaft (die eigene), Disziplin, englische Sprache, Städte, Hochhäuser, Beton, große Zimmer, Aufzüge, Neonlicht, Plastik, Resopalmöbel, elektrische Geräte, Hausangestellte, Cannes mit seinen Festspielen, Wintersport, Museen, Stierkämpfe, Paris.

Brigitte fing mit fünfzehn Jahren an, sich über alle Konventionen hinwegzusetzen. Aber sie ist noch mit mehr als siebzig die Bürgerstochter, die es nicht mag, wenn andere das Wertsystem in Frage stellen, mit dem sie groß geworden ist. Die Gesellschaft von heute behagt ihr nicht. »Ich hasse sie, sie ist mir widerlich, ich finde sie abscheulich«, sagt sie im Gespräch. Ihr missfällt »die Dekadenz, die moralische und körperliche Schmutzigkeit, die Hässlichkeit, das Unästhetische, der Verlust wesentlicher Werte, die Pornografie«. Die Mode der Gegenwart nennt sie im Buch *prêt-à-pédés* – Konfektion für Schwule: »Wie könnten Männer, die keine Frauen mögen, es fertigbringen, für sie Dinge zu schaffen, die sie zur Geltung bringen?« Sogar die katholische Kirche ist vom Achtundsechziger-Geist erfasst: »Man duzt Gott, man nennt ihn ›meinen Kumpel‹, und man haut ihm auf die Schenkel.« Religion müsse unveränderlich in den Formen sein – wie ein Rolls-Royce.

Wenn Moscheen die Kirchtürme verlassener Dörfer ersetzen, ist Brigitte Bardot traurig. Sie kämpft gegen die »barbarische Sitte« des Hammelschächtens zum muslimischen Aid-el-Kebir, der, sagt sie, gleichsam ein französischer Nationalfeiertag geworden sei. Langsam nehme der Fundamentalismus Frankreich in Besitz, »das einmal ein sanftmütiges, zivilisiertes Land war«. B. B. verehrt de Gaulle, sie war mit Valéry Giscard d'Estaing einverstanden, und sie findet Jean-Marie Le Pen »einen charmanten, intelligenten Mann, der wie ich über verschiedene Dinge empört ist«. Mit allen Ideen des Front-Führers will sie nicht einiggehen. Doch ihn selber findet sie liebenswürdig und warnt davor, Le Pen zu »verteufeln«. Sie hat den Rechtsextremen schon vor langer Zeit kennengelernt, als beide Verwundete des Algerienkriegs im Lazarett besuchten. Und sie hat über Le Pen ihren gegenwärtigen und mutmaßlich letzten Ehemann Bernard d'Ormale getroffen: Die einzige Gelegenheit, bei der die Memoiren von der Vergangenheit in die Gegenwart springen.

Schopenhauer, so sagt B. B., hat sie nicht gelesen. Doch dessen Wort »Wenn es keine Hunde gäbe, möchte ich nicht leben« würde sie sofort unterschreiben. Sie hat ihren Schmuck verkauft, aus dem sie sich nie viel machte, und ihr Haus in Saint-Tropez der Brigitte-Bardot-Stiftung übertragen, denn im Schutz der Tiere will sie den einzigen Sinn ihres zweiten Lebens sehen. Katze, Hund, Esel und Seehund, niedlich aufgereiht, sind das Emblem der

Stiftung. Für Biografien wie die ihre wären die drei Affen, die Augen, Ohren und Mund mit den Händen bedecken, das bessere Exlibris. Jeweils einer müsste dabei Pause machen.

Es gibt Dinge, die Brigitte Bardot nicht sieht, es gibt welche, die hört sie nicht. Und da sind einige, die sie nicht sagt.

Der Krieg der Kopftücher

Gott ist groß, Sarkozy ist klein

Von ihrer Familie lässt sich Sonia jetzt »Sausan« nennen. Sie ist achtzehn Jahre alt, ein dunkles Tuch verhüllt ihr Haar. Die Wimpern und Augenlider des Mädchens sind mit Kohle geschwärzt, was nach orientalischem Verständnis nicht unbedingt sündhafte Kosmetik ist, sondern auch Körperpflege sein kann. Sonst trägt Sonia kein Make-up. Denn sie kämpft, wie sie sagt, »für die Sache Gottes«. Beraten von einem französischen Juristen, der zum Islam übertrat, ist Sonia die Wortführerin von vierundzwanzig Schülerinnen des Lycée Saint-Exupéry im Industrieort Mantes-la-Jolie nördlich von Paris, die sich weigern, ihre Kopftücher abzulegen. Der Name Sonia steht in ihren Papieren, und die Klasse ist an ihn gewöhnt. Aber »Sonia« klingt westlich-weltlich. Deshalb das islamische »Sausan«.

Sausan-Sonia würde gern Journalistin werden. Wenn sie wegen des Kopftuchs von der Schule gewiesen wird, will sie es mit Fernkursen versuchen. Falls sie in Frankreich mit bedecktem Haar nicht arbeiten kann, ist sie auch bereit, ins algerische Oran zurückzukehren, das sie mit zwei Jahren verlassen hat. »Das Kopftuch hat nichts Herausforderndes«, sagt Sonia. »Man darf in ihm kein Zeichen für Fundamentalismus sehen. Frankreich möchte die zweitwichtigste Religion des Landes verteufeln, aber indem man uns an den Rand schiebt, gibt man uns ein Podium, auf dem wir sagen können, wie sehr der Islam gerecht ist.«

Amtlich wird die Konfessionszugehörigkeit in der laizistischen Republik nirgends festgehalten. Mit mindestens fünf Millionen Anhängern – Ausländern, ihren im Lande geborenen Kindern, naturalisierten Einwanderern, Konvertiten – rangiert der Islam indessen mit Sicherheit vor etwa achthunderttausend Protestanten und siebenhundertfünfzigtausend Juden. Vielleicht gibt es sogar mehr praktizierende Muslime als Katholiken in Frankreich. Durch ihren Glauben fühlt Sonia sich nicht beengt. »Schon gar nicht in meinem Dasein als Frau. Geknechtet«, sagt sie, »ist die westliche Frau, die bereit ist, sich auszuziehen, um einen Joghurt zu verkaufen.«

Vor gut zwanzig Jahren tauchten an Frankreichs Schulen erstmals Kopftücher auf, polemisch auch »Burka«, »Tschador« oder »Schleier« genannt. Erfahrene Schuldirektoren gingen dem Konflikt aus dem Weg, indem sie sich an die wertfreie Bezeichnung *foulard islamique*, islamisches Kopftuch, hielten und die auffällige Verhüllung pragmatisch den sehr viel diskreteren Halsketten mit Kreuz oder der jüdischen Kippa gleichstellten – beides Glaubenszeichen, die nie jemand beanstandet hatte. Im Oktober 1989 war der Konflikt um die islamische Verhüllung in Creil, gleichfalls ein Industrieort mit hohem Ausländeranteil nördlich von Paris, erstmals offen ausgebrochen. Das ganze Land verfolgte damals, wie drei Mädchen – Fatima, Leila, Samira – täglich in ihren Hüllen erschienen, regelmäßig abgewiesen wurden und schließlich das Lycée verlassen mussten.

Unterstützt von islamischen Organisationen, klagten muslimische Eltern seither immer wieder vor Verwaltungsgerichten. Zweimal verwarf Frankreichs oberste Instanz, der Conseil d'Etat, generellen Ausschluss wegen Kopftuchtragens als unvereinbar mit der Glaubens- und Meinungsfreiheit. »Das Tragen religiöser Zeichen ist für sich allein nicht unvereinbar mit dem laizistischen Charakter der öffentlichen Schule«, entschied der Staatsrat. Nur wenn Tücher »ostentativ, in herausfordernder Weise, diskriminatorisch oder missionarisch zur Schau gestellt« würden oder wenn sie die Freiheit oder die Würde eines Schülers verletzen, sei ein Verbot gerechtfertigt. Fatima, Leila und Samira gingen danach wieder in die Schule. Nur zwei- bis dreitausend Mädchen haben sich, zum Teil als Folge der öffentlichen Kontroverse, im ganzen Land für den »Hedschab« entschieden – wie die vom Koran nur ungenau beschriebene Verhüllung eigentlich heißt.

Ein Brennpunkt der Auseinandersetzung ist die Stadtregion Lille-Tourcoing-Roubaix im äußersten Norden Frankreichs. Dort wurden zunächst achtzehn muslimische Schülerinnen des Lycée Faidherbe von der Schule gewiesen, weil auch sie sich weigerten, das Kopftuch abzulegen. Es gab einen kurzen Hungerstreik, ein Polizeiaufgebot, das anstößige Textilien schon vor der Schultür abfing, Spruchbänder mit dem Motto »Unser Tuch ist unsere Ehre«, hinter denen nicht nur islamistische Gesinnungsgenossen, sondern auch Mitglieder einer trotzkistischen Splittergruppe marschierten. Von dreiunddreißig Schulen der Stadt und der Umgebung wurden insgesamt zweihundertelf Kopftücher gemeldet.

»Gott ist groß, Sarkozy ist klein«, ruft ein Halbwüchsiger, der vor einem Kampfsport-Klub in der Nähe des Lycée herumhängt. Junge Muskelmänner aus dem islamistischen Umfeld stehen bereit, wann immer Schülerinnen für ihr Kopftuch demonstrieren wollen. Beim Biscotte-Viertel, wo regelmäßig Rauschgiftdealer von Islamisten gejagt werden, hat in einer ausgedienten Garage die »Sozial-Kulturelle und sportliche Liga von Lille« ihr Hauptquartier. Eine Moschee und eine Koranschule gehören dazu. Rund zwei Dutzend andere Gebetsstätten im Departement sind angeschlossen. »Sie haben nur noch die Wahl zwischen den Dealern und den Imamen«, so schilderte ein Polizist die Lage der jungen, chronisch arbeitslosen Gettobewohner gegenüber der Zeitung *Le Monde*.

Roubaix war einst das französische Manchester. Doch die Textilfabriken haben zugesperrt. Die Einwohnerzahl ist von hundertneuntausend auf dreiundneunzigtausend zurückgegangen. Es ist nicht mehr viel los. Eine hochherrschaftliche Fünf-Zimmer-Wohnung in bester Lage kann man für unter fünfzigtausend Euro kaufen. Mehr als ein Drittel der arbeitsfähigen Bevölkerung ist ohne Beschäftigung. Als einzige Stadt Frankreichs hat Roubaix eine maghrebinische Mehrheit: Dreiundfünfzig Prozent der Einwohner stammen aus Nordafrika. Der Kardiologe Salem Kacet ist stellvertretender Bürgermeister. Jetzt fühlt sich die Elite der Zuwanderer von den Islamisten überholt. Zentrum ihrer Agitation ist die Moschee in der Rue Archimède. Dort steigen auch Abgesandte der Islamischen Rettungsfront Algeriens (FIS) ab. Ladenbesitzern in der

Umgebung wird nahegelegt, keinen Alkohol und kein Schweinefleisch mehr zu verkaufen.

Es war in den neunziger Jahren der bürgerliche Erziehungsminister und praktizierende Katholik François Bayrou, der durch einen Erlass das Tragen von »auffälligen religiösen Merkmalen« in den Schulen verbot. Beim ersten Auftreten von Fatima, Leila und Samira, hatte er als Abgeordneter noch gefunden: »Jede Handlung der Ausschließung kann die Entwicklung von Koranschulen nach sich ziehen. Sie wären für die Integration viel schädlicher als ein Schleier auf dem Haar.« Festgefahrene Situationen, die den Islamisten in die Hände spielten, sollten besser vermieden werden.

Viele Lehrer denken noch immer so. »Wir haben sie beim Schulbeginn nach den Ferien mit Kopftuch akzeptiert. Dann können wir sie nicht ein paar Wochen später abweisen. Das wäre ein Vertragsbruch, der sich nicht rechtfertigen lässt«, zitiert *Le Monde* einen Physiklehrer am Gambetta-Gymnasium von Tourcoing. Ein Geschichtslehrer derselben Schule sagt: »Die meisten dieser jungen Mädchen sind lebhaft und intelligent. Sie haben sich bis jetzt überhaupt nicht missionarisch, aggressiv oder provokant verhalten.«

Tatsächlich sollte der Erlass einen Gesetzesentwurf abfangen, der erheblich weiter ging. Sein Urheber war der gaullistische Abgeordnete Ernest Chenière – früher Direktor eben jenes Lycée in Creil, aus dem er schon Fatima, Leila und Samira hinauswarf. Der Karate-Amateur Chenière stammt von den Antillen, ist von egalitär-republikanischer Gesinnung und war durch seine schwarze Hautfarbe besser als ein Weißer gegen den Vorwurf des Rassismus gefeit. Für die Laizisten ist das Kopftuch nur der Anfang, dem gewehrt werden muss. Es liegen zahlreiche Anträge muslimischer Schülerinnen auf Befreiung vom Turnen vor. Andere wollen vom Französisch-Unterricht dispensiert sein, wenn gottlose Autoren wie Voltaire gelesen werden. Bei Theaterbesuchen entschuldigen sich ohnehin viele. Einige fundamentalistische Elterngruppen haben bereits Geschlechtertrennung im Schulhaus gefordert.

Alles fing mit einem Ei an. In Marseille bekamen muslimische Schulkinder schon vor Urzeiten ein hart gekochtes Ei, wenn andere in der Mittagspause mit einem Schinkenbrot gespeist wurden. Unter der Hand ließen Schulen für nordafrikanische Kinder Koran- und Arabisch-Unterricht zu, während andere Schüler Französisch oder Mathematik hatten. Nach einer Konvention vom Oktober 1981 kann ein Marokkaner auch in Frankreich seine marokkanische Frau ohne Gerichtsverfahren verstoßen. Ein Franzose algerischer Abstammung braucht seinen Militärdienst nicht in Frankreich zu leisten. Von 1980 bis 1993 war für Muslime de facto Polygamie zugelassen. Und von den kommunistisch regierten Pariser Vororten Aubervilliers oder la Courneuve bis zu dem von der liberalen UDF verwalteten Rillieux-la-Pape am Rande von Lyon unterstützen ungezählte Gemeinden islamistische Organisationen, indem sie ihnen Geld oder Lokale zur Verfügung stellen. Die Fundamentalisten haben den Ruf, bei der Bekämpfung von Kriminalität und Drogen effizienter zu sein als Sicherheitskräfte.

Mitten im Land ein Kontinent voller Hass

Die Explosion der Gewalt in Frankreichs Vorstädten

Für die Polizei sind die Neuen Mühlen ein »schwarzes Loch«. Alles verschwindet in ihm: geschmuggeltes Rauschgift und gestohlene Motorräder, in flagranti ertappte Straßenräuber und Ausländer ohne Papiere. Als die Polizisten noch versuchten, das schwarze Loch zu ergründen, hagelte es regelmäßig Verwünschungen und Steine. Auf den Straßen rotteten sich binnen Sekunden Horden von Jugendlichen zusammen, aus den Fenstern der Hochhäuser flogen Bierflaschen und Mülleimer. Wer sich als Außenstehender, besonders nachts, auf den schäbigen Rasen, die Betonpfade oder in die verwahrlosten Treppenhäuser der Neuen Mühlen begibt, tut es auf eigene Gefahr. Die *flics* tun es nicht mehr.

Von der Kathedrale Notre-Dame de Paris sind die Neuen Mühlen, les Moulins-Neufs, im Vorort Stains, ganze zwölf Kilometer entfernt. Im benachbarten St. Denis, kaum eine halbe Stunde zu Fuß, liegen Frankreichs Könige begraben. Nicht viel weiter ist es nach Le Bourget, wo die Flugzeug- und Waffenhersteller der ganzen Welt ihre Messen moderner Technik feiern. Doch die Neuen Mühlen, in den sechziger Jahren für zweitausenddreihundert Einwohner gebaut, liegen auf einem anderen Kontinent. Sie sind eine Enklave der Dritten oder Vierten

Welt, arm, überbevölkert und unterbeschäftigt, einer von vierhundert Neubau-Slums am Rande von Frankreichs Städten. Rund zwei Millionen Menschen leben in solchen Siedlungen, die von der »Interministeriellen Behörde für die Städte« verschämt als »sozial gefährdet« klassifiziert werden.

Als junge Leute in Mantes-la-Jolie, fünfzig Kilometer westlich der Neuen Mühlen, absichtlich mit einem gestohlenen Auto eine Polizistin tödlich überfuhren, geriet das ganze Land in Aufregung. Tatsächlich kommt es nach einem vertraulichen Bericht der Polizei durchschnittlich jeden Tag in den Vorstädten zu einem Zusammenstoß zwischen Jugendlichen und Ordnungskräften. Neuerdings schießen die Randalierer auch auf die Polizisten oder Gendarmen. Aber so lange ein Zusammenstoß ohne dramatische Folgen bleibt, nehmen die Medien davon kaum Notiz: In Persan, dreißig Kilometer nördlich der Hauptstadt, greifen vierzig Randalierer eine Polizeiwache an, um einen festgenommenen Autodieb zu befreien; in Chanteloup-les-Vignes, zwanzig Kilometer nordwestlich von Paris, werden zwei Polizisten verletzt, die sich dagegen wehren, dass ihnen ihre Waffen entrissen werden; in Villeneuve-Saint-Georges am südöstlichen Rand der Kapitale, gerät die Feuerwehr durch einen absichtlich gelegten Brand in einen Hinterhalt und wird überfallen; neun Polizisten, die zu Hilfe kommen, werden verwundet, zwei durch Messerstiche. Aus allen Teilen Frankreichs kommen Berichte über gleichartige Zwischenfälle.

Einst hatte Paris eine »rote Banlieue«, einen Ring kommunistisch regierter Gemeinden, der die konservative Hauptstadt umgab. Nun tritt in dieser Bannmeile der Nord-Süd-Konflikt an die Stelle des Klassenkampfs. Im Departement Seine-Saint-Denis, das unmittelbar nordöstlich ans Stadtgebiet von Paris grenzt, sind von 1,2 Millionen Einwohnern offiziell zweihundertfünfzigtausend nichteuropäische Ausländer. Hinzu kommen schätzungsweise sechzigtausend illegale Einwanderer. Eingesessene Franzosen empfinden diese Ziffern als trügerisch: Kinder nord- oder schwarzafrikanischer Einwanderer, die hier geboren wurden, besitzen die französische Staatsangehörigkeit. Sie erscheinen in dieser Statistik ebenso wenig als Ausländer wie schwarze Zuzügler aus den Übersee-Departements. Sie alle werden indessen von vielen angestammten Franzosen als Fremde betrachtet. Es gibt Wohnquartiere, in denen die alteingesessene Bevölkerung nur noch fünf Prozent ausmacht.

In den Jahrzehnten des großen Wirtschaftswachstums wurden in Frankreich drei Millionen Wohnungen gebaut. Die expandierende Industrie brauchte Arbeitskräfte, die willig, billig und leicht fürs Fließband anlernbar waren. Sie kamen vor allem aus Nordafrika sowie aus den ehemaligen Kolonien südlich der Sahara. Da sie zunächst in *bidonvilles* lebten, selbst gezimmerten Siedlungen aus Kistenbrettern und Konservenblech, waren sie glücklich, wenn sie später in einen Betonturm mit sanitärem Komfort ziehen durften. Ihre ersten Nachbarn waren einkommensschwache Franzosen, Rentner oder junge Leute, die sich die steigenden Mieten von Paris nicht mehr leisten konnten. Die hübschen Namen der neuen Viertel wie »Silbertal« oder »Abt-Wäldchen« kaschierten vorerst den Umstand, dass man weitab organisch gewachsener Ortschaften gebaut hatte, dort, wo der Grund am billigsten war. An Einrichtungen für die soziale Infrastruktur oder an Verkehrsverbindungen dachte man später – wenn überhaupt. In der Ausstrahlung des intellektuellen Umbruchs von 1968 hatten viele Architekten kollektive Mustersiedlungen nach dem Beispiel von Le Corbusiers Cité radieuse vorgeschwebt. Das Ergebnis sah anders aus. Einwohner und Umwohner sprachen alsbald wie die Verwaltung von »ZUP« (Zone à urbaniser en priorité – Vorrangiges Urbanisierungsgebiet) oder »ZAC« (Zone d'aménagement concerté – Gebiet für konzertierten Ausbau). Aus den Neusiedlern wurden *zonards*. Soziale und ethnische Apartheid, anderswo historisch entstanden, wurde programmiert.

Ende der achtziger Jahre schlug der Schwelbrand zum ersten Mal so helle Flammen, dass er für die ganze Nation sichtbar wurde. Im Lyoner Stadtteil Les Minguettes amüsierten sich junge Nordafrikaner in den heißen Sommernächten damit, mit gestohlenen Autos Rodeo zu fahren. Die Wagen wurden nach der Art von Stock-Car-Rennen verbeult und am Ende angezündet. Frankreich nahm wahr, dass es eine zweite Generation von Einwanderern gab, die in einem seelischen Niemandsland zwischen Nordafrika und Europa lebt. In ihrem eigenen Jargon, der wie die Gaunersprache *verlan* französische Wörter umdreht, nennen sie sich *beur* (von *arabe*). Die Polizisten heißen für sie *kef* (von *flic*), aus *français* wird *sefran*.

Das Rodeo ist bis heute eine der Lieblingsbeschäftigungen asozialer Banden. In den acht Wochen, bevor in Mantes jene Polizistin umgebracht wurde, sind dort drei Dutzend Wagen gestohlen, zu Schrott gefahren und verbrannt worden. In Vaulx-en-Velin bei Lyon verlor die Polizei an einem einzigen Tag vier Autos, die von Rodeofahrern gerammt wurden. Die vermummten Täter flohen zu Fuß. Fingerabdrücke hinterließen sie keine. Die jungen Kriminellen umwickeln sich die Hände mit Leukoplast oder streichen sich die Fingerkuppen mit Leim ein. Durchschnittlich verbrennen in jeder Nacht zwischen dem Kanal und dem Mittelmeer hundert Autos, davon ein Teil durch Brandstiftung zum Versicherungsbetrug, ohne dass darüber viel geredet oder geschrieben wird. Berüchtigt ist die Silvesternacht, besonders in Straßburg. Binnen Stunden gehen in den Vorstädten landesweit Hunderte von Wagen in Flammen auf.

Rauchgeschwärzte Wände, frisch installierte Scherengitter: Das Einkaufszentrum im Neubauviertel Val-Fourré bei Mantes trägt noch die Narben der großen Brandschatzung vom Frühling. Einige Geschäfte haben zaghaft geöffnet. Der große Supermarkt, die wichtigste Einkaufsquelle für siebenundzwanzigtausend Menschen, schloss schon im Winter. Die Diebstähle hatten zehn Prozent des Umsatzes erreicht (normalerweise rechnen vergleichbare Geschäfte mit einem halben Prozent). »Gegenüber den Demonstrationen, den Gewalttaten standen wir mit dem Rücken zur Wand«, sagt Edouard Leclerc, Chef einer der größten Supermarktketten Frankreichs. »Es wird in unseren Zentren keine Miliz geben. Wir verwandeln sie nicht in Garnisonen. Weil die Polizei mit verschränkten Armen zuschaut, müssen wir lernen, keine Masochisten zu sein. Wir ziehen uns aus den Gettos zurück.« Immer wieder waren Diebesbanden wie die Heuschrecken über die Regale hergefallen. Leclerc: »Sie nehmen alles, was sie wollen. Unsere Kassiererinnen werden mit Messern und mit Fahrradketten angegriffen. Das können wir nicht zulassen.«

Die Väter der *beurs* kehrten die Straßen, leerten die Aschentonnen und sorgten am Rande der französischen Gesellschaft mit ihren Basaren ähnelnden Kramläden, islamischen Metzgereien und überfüllten Männer-Kaffeehäusern für eine gewisse schäbige Exotik. Sie waren zufrieden. Ihre Söhne und Enkel leben im doppelten Hass auf die traditionellen Wertvorstellungen ihrer Familie und auf das Land, das ihnen großzügige Sozialleistungen, Nachsicht gegenüber ihren Ausschreitungen, aber heute keine Perspektive mehr gibt. »Wenn sie alles zusammenschlagen, dann explodiert damit ein Gefühl der Frustration«, sagte einst prophetisch Premierministerin Edith Cresson. »Sie haben nichts und wollen etwas haben. Aber was sie neben Geld vor allem wollen, das ist, sich ausdrücken, verstanden werden.«

Eine Diagnose, aber keine Therapie. Schon Georges Clemenceau sagte: »Wenn man nicht weiß, was man tun soll, bildet man eine Kommission.« Ausschüsse und Programme zur Rettung der Vorstädte gab es seit 1977 in großer Zahl. Soeben hat die Regierung wieder ein Sonderprogramm beschlossen, diesmal anspruchsvoll »Marshall-Plan« genannt, zur Eindämmung der Gewalt in den Vorstädten, zur Arbeitsbeschaffung für Jugendliche mit schlechter

Ausbildung und zur sozialen Integration der renitenten Kinder und Enkel von Einwanderern. Doch nichts ändert sich. Es fehlt das Geld, es fehlen die Einzelbestimmungen, es fehlt auf allen Seiten der konsequente Wille. Auch das neueste Projekt verblasst bereits zur Makulatur.

Ihr Viertel »Le Mas-du-Taureau« bei Lyon war in die Schlagzeilen gerückt, als nach dem tödlichen Zusammenstoß eines jugendlichen Motorradfahrers mit einem Polizeiwagen Unruhen ausbrachen. Doch die Routinebilder randalierender Jugendlicher, defensiver Postenketten, züngelnder Flammen und splitternden Glases verbargen die Wahrheit mehr, als sie sie enthüllten: Der Mas-du-Taureau ist kein vernachlässigter Slum. In den verflossenen Jahren hatten Staat und Gemeinde bereits umgerechnet fünfzehn Millionen Euro ausgegeben, um das Viertel zu sanieren. Neue Läden, ein *bistrot*, Sportplätze und Rasen entstanden, tausendfünfhundert Wohnungen wurden renoviert. Der Präfekt sorgte dafür, dass der Supermarkt wieder öffnete. Gerade eine Woche vor den Krawallen hatte man eine fünfzig Meter hohe künstliche Kletterwand eingeweiht, die höchste Europas, an der Bergsteiger aus Savoyen junge Sportler unterrichten sollten.

Auch das Val-Fourré ist kein Tal des Jammers. Neben hundertzehn Wohnbauten gibt es Schulen, eine Klinik, eine Post, ein Altersheim, einen Theatersaal, eine Eisbahn und ein Stadion von sechs Hektar Fläche. Der sozialistische Bürgermeister hat ein großes Renovierungsprogramm eingeleitet. Die Hälfte der Wohnungen wurde erneuert, Fassaden wurden frisch gestrichen. Eine Moschee ist im Bau.

Der »Clos-Torreaux« in Saint-Denis, »funkelnagelneu und von schöner Architektur«, erinnerte einen Reporter von *Le Monde* von außen an die Londoner Docklands. »Doch wie es drinnen aussieht, schildert ein Sozialarbeiter. Sie haben schon alles kaputt gemacht, die Briefkästen, die Türen, die Treppenhäuser. Das ärztliche Ambulatorium, wo ihre kleinen Brüder und Schwestern gratis behandelt werden, haben sie demoliert, nur um einen Computer und einen Fotoapparat zu stehlen. Sie erkennen keinerlei Regeln an. Sie schlagen die Praxisräume von Ärzten und Zahnärzten kaputt, die Schulen. Wenn man ihnen einen Fußballplatz herrichtet, sägen sie die Torpfosten ab. Was soll man anfangen? Man hat den Eindruck, dass sie ihre ›Zone‹ erhalten möchten.«

Im Dschungel der Vorstädte kämpfen nicht Franzosen gegen Zuwanderer, Polizisten gegen Kriminelle, Zukurzgekommene gegen Reiche. Der Frontverlauf ist komplizierter. Banden von Arabern und Afrikanern prügeln sich. Schwarze »Zulu-Gangs« tragen Rivalitäten aus. Weiße Skinheads terrorisieren Farbige, sind aber dabei, wenn geplündert wird. Sogenannte »rote Skinheads« stellen sich trotz ihrer Hautfarbe auf die Seite der Einwanderer. Junge Nordafrikaner faseln von »Intifada«. Sie wollen in der Auflehnung der Palästinenser gegen Israeli und in ihren eigenen Straßenschlachten Schauplätze desselben Kampfes der unterdrückten arabischen Massen gegen die westliche Welt sehen. Islamische Fundamentalisten suchen ihn in der laizistischen Republik Frankreich auszuweiten. Der Streit um die Rechtmäßigkeit islamischer Kopftücher an öffentlichen Schulen hat wie ein Schlaglicht das Sonderdasein der Zonen erleuchtet.

»Wundert euch nicht, wenn die Gewalt Tag für Tag weiter um sich greift«, singt eine Rockgruppe von Arabern und Schwarzen. »Die Welt von morgen ist unser. Wir halten die Macht in Händen. Ich bin bereit zum neuen Bürgerkrieg. Wir sprengen alles in die Luft. Wer hasst, in dessen Adern fließt Gewalt!« Eine der ersten und bekanntesten *Beur*-Gruppen nannte sich »Carte de séjour« – Aufenthaltsgenehmigung. Andere Sänger gaben ihrer Band den programmatisch-obszönen Namen »Nique ta mère«. In einem eher hilflosen Versuch, die rebellischen Ausdrucksformen der Vorstädte zu integrieren, lud der damalige Kulturminister die Gruppe zu sich ein und versprach Zuschüsse. Rapmusik und das Besprühen von Wänden werden von Medien, Kulturpolitikern und Honoratioren bis hin zum Staatschef zu missglückten Versuchen eingespannt, Brücken zu den Parias zu bauen.

Alljährlich verlassen in Frankreich siebenhunderttausend junge Leute die Schulen. Neun Monate später haben nur vierhunderttausend von ihnen eine Arbeitsstelle, aber in dieser Ziffer sind auch vom Staat subventionierte vorläufige Ausbildungsplätze enthalten. Mit der Krise verschlechtert sich die Lage, und unter den Ausländern in den Vorstädten ist die Jugendarbeitslosigkeit besonders hoch. Doch im Gegensatz zur öffentlich proklamierten Hilfsbereitschaft der Regierung sinkt bei den Fachleuten die Bereitschaft, die jungen Arbeitslosen nur als Opfer zu sehen.

In einer mehrteiligen Untersuchung über die Ursachen ließ *Le Monde* Experten der zahlreichen staatlichen Stellen für Soziologie, Fortbildung und Berufsberatung sowie betroffene Jugendliche zu Wort kommen. Von »einer hedonistischen Generation, die vor allem findet, dass das Leben zu kurz ist, um auf traurige Weise zu arbeiten«, spricht ein Soziologe. »Wenn man nichts tut«, erzählt ein Einundzwanzigjähriger, »langweilt man sich am Anfang ein bisschen, aber allmählich findet man daran Geschmack.« Er selber hätte noch lange so weitergemacht, wenn es ihn nicht gestört hätte, dass er sich nichts kaufen konnte. »Viele junge Leute sehen nach einigen Jahren beruflicher Provisorien den Unterschied zwischen einer qualifizierenden Ausbildung und einem Schein-Praktikum nicht mehr«, sagt eine Fortbildungsexpertin. Einer ihrer Kollegen schreibt der »sozialen Behandlung der Arbeitslosigkeit den perversen Effekt zu, dass sie bestimmte Leute von der Arbeit weiter entfernt, statt dass sie ihnen bei der Eingliederung hilft«. Eine Psychose der Abhängigkeit entsteht. Man ist nicht einmal mehr bereit, sein Amüsement selber zu organisieren. »Ich bin siebenundzwanzig Jahre alt«, sagte der Sohn algerischer Einwanderer der Zeitung *Journal du Dimanche*. »Ich war nie in Ferien. Ich habe nie das Meer gesehen, die Berge oder das Land.« Er lebt seit seiner Geburt in Narbonne, fünfzehn Kilometer vom Strand des Mittelmeers und fünfundzwanzig Kilometer vom Fuß der Pyrenäen entfernt.

Seit es in Frankreich Einwanderer gibt, war die sprachliche und kulturelle Assimilierung das Rezept. Aus den Kindern von Italienern, Polen, Deutschen, Spaniern und Portugiesen wurden rasch Franzosen. Bei den *harkis*, den nach Frankreich geflüchteten algerischen Hilfstruppen, versagte das Modell erstmals, obwohl gerade sie gern richtige Franzosen geworden wären. Als Präsident Nicolas Sarkozy noch Innenminister war, besuchte er nach tagelangen und besonders schweren Unruhen den Pariser Vorort Argenteuil und versicherte, er werde das Gesindel (*racaille*) mit dem Hochdruckreiniger (*Karcher*) wegräumen. Die Medien waren entrüstet über seine Sprache, aber bei den Wählern half es ihm. Nachdem er ins Elysée einzog, änderte sich nichts. Es gibt nur, wie eh und je, neue Förderprogramme.

Nachsatz

Die Berichte, aus denen dieses Buch besteht, sind seit 1982 in der *Süddeutschen Zeitung* erschienen, überwiegend als Reportagen auf der Seite Drei, aber auch als Hintergrundartikel, als kurze Glossen, im Feuilleton oder in der Wochenendbeilage. Für die Auswahl war Haltbarkeit eines der wichtigsten Kriterien: Die Geschichten stimmen in ihrer Substanz immer noch. So weit es nützlich war, wurden Zahlen und andere Fakten auf den neuesten Stand gebracht. Gestrichen wurde nur, was seit dem Abdruck zu Recht in Vergessenheit geraten ist, also wenig. Beifällige oder kritische Anspielungen auf lebende oder tote Personen sind stets absichtlich, niemals Zufall. Zu einem Teil der Themen gaben Kollegen in der Redaktion die Anregung. Doch die Verantwortung tragen allein der Autor und die Gestalten der Handlung in Paris.